나를 지키는 힘

나를 지키는 힘

20인의 철학자가 전하는 삶의 중심 찾기

임병희 지음

생각
정원

차례

PART 2

'단단한 나'를 만드는 힘

통찰

의심

PART 3

'진짜 나'를 사랑하는 기술

도약

자존

자기애

: 프롤로그 :

철학자들은 어떻게 '나'를 찾고, 지키고, 사랑했는가

하루에 28조 원을 번 남자가 있다. 11월 11일, 우리가 흔히 '빼빼로 데이'라고 이야기하는 그날을 중국에서는 '광군제(光棍節)'라고 한다. '광군'이라 하면 혼자인 사람, 즉 솔로를 뜻한다. 2017년 11월 11일, 중국 최대 전자상거래 업체 알리바바는 28조 원이 넘는 매출을 기록했다. 그 회사의 대표가 바로 성공의 대표적인 모델로 불리는 마윈이다. 그러나 사실 그의 인생은 대부분 실패였다. 그는 초등학교 시험에 두 번 낙제했고, 중학교 시험에서도 세 번 낙제했다. 대학도 삼수를 했다. 여기서 끝이 아니다. 취업 시험에서는 무려 30번을 떨어졌다. 심지어 KFC에 지원했을 때는 스물네 명 중 오직 마윈, 한 명만 낙방했다. 그에겐 실패가 일상이었다.

그러던 어느 날 마윈은 영화 〈포레스트 검프〉를 보게 된다. 영화는 불편한 다리, 남들보다 조금 떨어지는 지능을 가진 외톨이 소년이 누구보다 빠르게 달릴 수 있는 자신의 재능을 깨닫고 늘 달리는 삶을 살아가는 이야기를 다루고 있었다. 이를 통해 마윈은 자신과 자신이 하는 일을 믿을 때 생기는 힘을 깨닫게 되었다. 그래서 마윈은 다른 사람이 좋아하든 말든 그 일을 사랑하라고, 그렇게 자신의 길을 계속 가게 되면 나와 세상을 변화시킬 수 있다고 이야기한다. 그리고 오직 자기 자신만을 생각해야 한다고 강조한다.

"그들이 일을 마쳤을 때, 일에 실수가 있었거나 문제가 생긴 것을 항상 남에게 불평만 하고 있다면 그는 다시 성공하지 못할 것입니다. 그러나 오직 자기 자신을 점검하는 사람, '그래, 내가 여기서 잘못했어', '그래, 내가 그때 잘못했어', 이 사람에게 희망이 있습니다."

실패로 점철되었던 마윈의 삶은 그가 자기 자신을 점검하고, 자기 자신을 사랑하고, 그렇게 자신의 길을 가게 된 순간 성공으로 물들었다.

포레스트 검프와 조너선 리빙스턴, 그리고 철학자

/

'조너선 리빙스턴'이라는 갈매기가 있었다. 그는 여느 갈매기와는 달랐다. 대부분의 갈매기는 단지 먹이를 구하기 위해 하늘을 날았다. 하지만 조너선에겐 먹는 일보다 나는 일이 중요했다. 그는 비행 그 자체를 사랑하는 갈매기였다. 그는 먹이를 찾는 일보다 더 높이, 더 멀리 나는 일에 치중했다. 극한의 속도와 수직 상승 같은 기술을 익히는 데 여념이 없었다. 조너선의 이런 행동은 갈매기 사회의 오랜 관습을 거스르는 것으로 여겨졌고, 동료 갈매기들은 그를 못마땅하게 여겼다. 결국 조너선은 추방되고 만다. 하지만 시간이 흘러 그는 다시로 무리로 돌아왔고, 완전한 비행술을 구사하는 새로운 갈매기의 모습을 보여주었다. 그리고 동료들을 그 새로움으로 이끌었다.

리처드 바크는《갈매기의 꿈》에서 조너선을 통해 내가 나로 사는 것, 자기완성의 진정한 의미와 소중함을 일깨운다. 그리고 이렇게 이야기한다.

> 우리는 이 세계에서 배운 것을 통해 다음 세계를 선택한다. 우리가 이 세계에서 아무것도 배우지 못하면 다음 세계도 이 세계와 같을 것이다.
>
> – 바크,《갈매기의 꿈》

이 세계가 단지 먹기 위한 삶이라면, 다음 세계도 똑같이 먹기 위한 삶일 것이다. 하지만 이 세계에서 다른 것을 배운다면 다음 세계를 다르게 살 것이고, 그 다르게 산 세계가 또 다음의 다른 세계를 만들 것이다. 이 세계와 다음 세계는 떨어져 있지 않다. 현재가 이 세계라면 다음 세계는 현재를 거쳐간 미래일 뿐이다. 더 나은 미래를 꿈꾼다면 지금부터 달라져야 한다. 행복한 내일을 꿈꾼다면 바로 오늘 시작해야 한다.

문제는 '어떻게'이다. 어떻게 해야 오늘, 지금 달라질 수 있는가. 다행히도 이미 '이 세계'를 경험한 사람들이 있다. 우리는 그들의 '다음 세계'를 살고 있다. 그렇기에 그들이 배운 것을 익힌다면, 좀

더 쉽고 빠르게 달라질 수 있다. 변화할 수 있다. 우리보다 먼저 '이 세계'를 겪은 사람들, 우리에게 '조너선'과 같은 존재가 되어줄 사람들, '포레스트 검프'처럼 영감을 줄 사람들, 우리는 그들을 철학자라고 부른다.

철학자라니, 뜬금없다고 생각하는 사람들이 있을지도 모르겠다. 고리타분하다며 고개를 젓는 사람들이 있을지도 모르겠다. 그저 책이나 들이파던 사람들이 삶의 고됨을 어찌 알겠는가. 존경과 추앙을 받던 학자들이 비루한 생존의 고통을 알기나 하겠는가. 하지만 그렇지 않다. 철학자들이야말로 누구보다 처절한 생존의 사투를 벌였던 인물들이다. 니체는 10여 년간 정신병을 앓았으며, 공자는 상갓집 개 같다는 소리까지 들어가며 누추한 행색으로 전국을 누볐지만 끝내 자신의 뜻을 이루지 못하고 눈을 감았다. 혼란의 시대를 살았던 한비자는 좀처럼 인간을 신뢰하지 못했으며, 소크라테스는 누명을 쓰고 사형을 당했다. 김득신은 앉아서 읽은 것을 서면 잊어버리는 통에 한 권의 책을 11만 3천 번이나 읽곤 했다.

이들이 철학자라 불리며 오늘날에도 많은 존경을 받는 것은 철학을 심도 깊게 연구하고 공부했기 때문이 아니다. 냉혹한 현실과 부족한 재능과 반복되는 좌절에도 불구하고, 자신이 원하는 것을, 자신이 생각하는 것을 이루고자 고민하고 노력했기 때문이다. 설사 생전에는 그 뜻을 이루지 못했더라도 그가 남긴 그 뜻이 지금은 빛나고 있기 때문이다. 철학은 인간과 세계에 대한 근본원리와 삶의 본질을 연구하는 학문이다. 하지만 그 어떤 철학자도 책상 앞에 앉아서 오직 머리로만 인간과 세계와 삶의 본질을 공부하지 않았다. 그들은 삶을 살아내면서, 사람들을 만나면서, 자신을 다잡아가면서 공부했다. 소크라테스는 열린 광장에서 아무에게나 질문을 던지며 진리를 찾고자 했고, 아우구스티누스는 막장 드라마와도 같이 방탕한 젊은 날을 보낸 후 그런 자신의 과오를 토대로 인간의 본질을 파악했다. 우리가 만날 철학자들은 모두 '나'를 찾고, 지키고, 사랑한 사람들이었다. 그 과정이 세상의 수많은 다른 '나'들에게 이정표가 되어주었기에, 그들이 오늘날에도 위대한 철학자로 존경받고 있는 것이다.

'생각'을 '소금'으로 바꾸는 법

/

불교에는 '선지식(善知識)'이라는 말이 있다. 이 말은 '좋은 지식'이라는 뜻일까. 그렇지 않다. 선지식은 수행자가 바른 길을 갈 수 있도록 인도하는 사람이다. 방향을 잃어버린 사람에게는 나침반이 되어줄 선지식이 필요하고, 절룩여 잘 걷지 못하는 사람에게는 목발이 되어줄 선지식이 필요하다. 고은의 소설《화엄경》은 어린 선재동자가 53명의 선지식을 만나 깨달음을 얻는 과정을 그리고 있다. 그렇다면 53명의 선지식이 모두 위대하고 대단한 사람들뿐이었을까. 그렇지 않다. 그 중에는 지혜의 상징인 문수보살과 같은 여러 보살도 있었지만 힌두교의 바라문도 있었고 장사꾼과 뱃사공, 심지어는 노예와 창녀까지 있었다. 그들은 선지식과 거리가 멀어 보였지만 선재를 깨달음의 길로 인도했다.

때로는 그것이 무엇이냐보다 그것이 어떤 맥락에 있느냐가 중요하다. 우리가 느끼는 작은 감정이나 하찮게 놓인 사물과 공기 중에 부유하는 먼지조차도 우리에게 무언가를 줄 수 있다. 선지식이 되어줄 수 있다. 다만 우리는 그것을 느끼지 못하고 있을 뿐이다.

철학자들의 이야기는 어떻게 보면 당연하고 간단할 수도 있다. 마치 짜다는 하나의 맛만을 내는 소금처럼 말이다. 지극히 당연한 말처럼 여겨지지만, 그 당연한 진리가 변화를 완성한다. 아무리 좋은 재료를 현란한 칼질과 함께 요리한다고 해도 마지막 간을 맞추지 않으면 음식은 완성되지 않는 것처럼 말이다. 나를 찾아 삶을 변화시킬 수 있는 조건을 나는 이미 갖추고 있는지도 모른다. 다만 아직 그것을 깨닫지 못했을 뿐이다. 아무것도 바꿀 수 없다고 지레 포기하고 있는지도 모른다. 하지만 지금 당장 바꿀 수 있는 것이 있다. 그것은 생각이다. 철학자들은 나에게 그 생각을 이렇게 바꾸어보라고 말해준다. 이를 통해 우리는 생각을 소금으로 바꿀 수 있다. 생각이 소금이 된다는 것은, 변화의 간을 맞추는 일이고 결국 나를 완성하는 과정을 뜻한다. 자, 이제 철학자들과 함께 단단한 나를 만들고, 진짜 나를 사랑하기 위한 여행을 떠나보자.

인생을 쉽게, 그리고 안락하게 보내고 싶은가?

그렇다면

무리 짓지 않고서는 한시도 견디지 못하는 사람들 속에 섞여 있으면 된다.

언제나 군중과 함께 있으면서 끝내 자신이라는 존재를 잊고 살아가면 된다.

— 니체, 《권력에의 의지》 —

PART 1

내가 나로 산다는 것

질
문

보이지 않는 것인가,
보지 않는 것인가

: 니체와 홉스, 세상을 향해 망치를 들다 :

파키스탄의 소 한 마리가 빙글빙글 돌며 연자방아를 찧는다. 아무리 열심히 걷고 또 걸어봤자 제자리만 맴돌 뿐인데, 웬일인지 소는 긴 울음 한 번 울지 않고 지친 기색도 없이 묵묵히 걸음을 옮긴다. 물론 소가 처음부터 그랬을 리 없다. 처음엔 주인이 쥔 고삐에 이끌리고 채찍질에 움직였을 것이다. 하지만 이제는 어떤 강요도, 조종도 없이 스스로 돌기를 반복한다. 소는 왜 걸음을 멈추지 않을까? 주인은 어떻게 소를 길들였을까?

비법은 단순하다. 열쇠를 쥐고 있는 것은 소의 머리에 씌워져 있는 검은 보자기다. 눈이 가려져 앞이 보이지 않는 소는 제자리를 돌고 있다는 사실을 모른다. 소는 자기가 먼 길을 가는 중이라고 착각하고 있다. 그래서 지치지 않고 꾸준히 걷는다.

경마장의 말들은 그야말로 미친 듯이 달린다. 뒤에 있던 말이 자신을 추월하면 동요할 법도 한데, 웬일인지 아랑곳하지 않고 그저 달리기만 한다. 아주 잠깐이라도 한눈파는 법이 없다. 말은 어떻게 마치 앞만 보이는 것처럼 오로지 결승선을 향해 전력 질주할 수 있는 걸까? 기수는 어떻게 말을 길들였을까?

역시 비법은 단순하다. 말의 양 눈 뒷부분에는 차안대(遮眼帶)가 부착돼 있다. 차안대는 가죽이나 고무로 만든 컵 모양의 장구로, 말의 좌우뿐 아니라 후면의 시야까지 차단한다. 차안대를 찬 말은 다른 말이 바싹 뒤쫓아 옆을 스쳐가는 아찔한 순간도 알지 못한다. 말은 앞만 보이는 것처럼 달리는 게 아니라, 정말 앞만 보이는 채 달리는 것이다.

맹목의 함정,
보자기와 차안대
/

보자기와 차안대는 언뜻 보기에는 퍽 유용한 도구일지도 모른다. 앞이 보이지 않는 덕분에 지치지 않을 수 있고, 앞만 보여서 한눈팔지 않을 수 있다니 말이다. 목표를 향해 흔들림 없이 나아가는데 이만큼 훌륭한 도구가 또 있을까. 실제로 지금껏 많은 사람들이 차안대를 찬 경주마처럼 돌진해야 한다고 핏대를 세우며 이야기하곤 했다. 성공을 위해서는 좌우를 살피거나 뒤를 돌아보는 여유 따위 부려서는 안 된다고 강조하곤 했다. 소처럼 어리석을 정도로 우직하게 걸음을 옮기는 노력과 정진을 성공의 덕목으로 꼽은 사람도 부지기수다.

그런데, 정말 그럴까? 소가 묵묵히 방아를 찧어서 이익을 취하는 이가 누군지 생각해보자. 말이 죽을 듯이 달려서 우승하면 그 영광이 누구에게 돌아가는지 생각해보자. 소가 찧은 곡식은 농부의 곳간을 채우고, 말이 따낸 트로피는 기수의 손에 들린다. 그렇다. 보자기와 차안대가 목표에 집중하게 만드는 도구이듯, 보자기를 쓴 소와 차안대를 찬 말은 농부와 기수의 부와 명예를 위한 도구가 된다. 하지만 소와 말의 어리석음을 탓할 수는 없다. 그들은 자신에게 씌워진 보자기와 차안대를 벗어던질 능력이 없기 때문이다.

문제는 사람이다. 소와 말을 이용해 이익을 챙기는 사람을 말하는 게 아니다. 보자기와 차안대를 쓴 사람들을 말하는 것이다. 사회가 씌워놓은 보자기에 눈이 가려진 채 제자리만 맴도는 사람들, 누군가 채워놓은 차안대에 시야가 차단된 채 달리기만 하는 사람들, 벗어던질 능력이 있는데도 가만히 있는 사람들을 말하는 것이다.

중세에는 그런 사람들이 많았다. 로마 가톨릭의 부패로 타락한 교회의 1천 년, 그 시대를 역사는 암흑의 시대라고 한다. 그리고 1517년 루터의 종교개혁으로 암흑의 시대는 종지부를 찍었다. 어둠이 사라진 자리에 바로 빛이 퍼져나갔을까? 안타깝게도 그렇지 않았다. 희망과 가능성, 세상의 모든 빛을 가렸던 교회의 검은 보자기가 벗겨지자 이번에는 다른 사람이 회색 보자기를 씌웠다. 교황의 권력은 사라졌지만 그 권력은 왕으로 대체되었다. 고혈을 짜내는 자가 교황에서 왕으로 바뀌었을 뿐 백성은 여전히 탄압과 핍박에 시달려야 했다. 새롭게 씌워진 회색 보자기의 이름은 '왕권신수설(王權神授說)'이었다. 왕의 권력이 신으로부터 주어졌다는 주장이었다. 신의 의지를 승계한 왕에게 반역할 수 있는 사람은 아무도 없었고, 사람들은 다시 죽어라 일하며 왕의 배를 불렸다.

궁금해진다. 그들은 왜 가만히 있었던 걸까? 기나긴 암흑의 시대를 그토록 고통스럽게 겪어놓고, 새로운 암흑의 시대를 또 다시 무기력하게 받아들인 이유는 무엇인가. 답은 간단하다. 이미 익숙해져 있었기 때문이다. 보자기를 쓴 세상에 길들여져 있었고, 그래서 그것을 당연하게 여겼기 때문이다. 아니, 좀더 정확히 말하면 그들은 자신에게 보자기가 씌워져 있다는 사실조차 알지 못했다. 지배자들은 강력한 권위를 바탕으로 자신들의 생각을 백성에게 주입했으며, 스스로 생각하는 것이 허락되지 않았던 백성은 의심도 반문도 없이 주어진 상황에 순응했다. 그래서 그들은 계속 보자기를 쓴 소로 살았다.

이제는 시대가 변했다. 국민이 국가의 주인이라는 민주주의가 의심할 수 없는 정치체제로 자리잡은 지 오래다. 그런데 이상한 점은 여전히 보자기를 쓰고 차안대를 찬 채 살아가는 사람들이 많다는 것이다. 일부 기득권자들이 만들어놓은 노력과 보상의 패러다임에 갇혀, 어디로 가는지 왜 가는지도 모르는 채 소처럼 일하고 말처럼 달리는 사람들이 수두룩하다. 그들은 직접 찧은 곡식만큼 정당한 대가를 받지 못한다. 숨이 넘어갈 만큼 달리지만 건초조차 배불리 먹지 못하는 경우도 많다. 그런데도 당근 하나를 받을 때면 기쁨을 감추지 못한다. 혹시 나도 그중 한 명은 아닐까?

낙타는 웃지 않고,
사자는 화만 낸다
/

니체가 묻는다.

"인생을 쉽게, 그리고 안락하게 보내고 싶은가?"

많은 사람들이 고개를 끄덕일 것이다. 그럴 수만 있다면, 그렇게 살고 싶지 않은 사람이 어디 있겠는가. 눈을 반짝거리며 그다음 말을 기대할 것이다. 조바심에 입술을 달싹이는 사람도 있을 것이다. 니체가 다시 입을 연다.

"그렇다면 무리 짓지 않고서는 한시도 견디지 못하는 사람들 속에 섞여 있으면 된다. 언제나 군중과 함께 있으면서 끝내 자신이라는 존재를 잊고 살아가면 된다."

그렇다. 나를 잊으면 힘들지 않다. 맞다. 나를 자각하지 않으면 괴롭지 않다. 힘듦과 괴로움을 느낄 나라는 주체가 없으면, 힘들고 괴로울 일도 없다. 인생이 쉽고 안락해진다. 그런데 나는 정말 그렇게 살고 싶은가? 나를 지워서라도 인생을 쉽게, 그리고 안락하게 보내고 싶은가?

니체는 많은 동물을 사람에 비유했다. 그는 《차라투스트라는 이렇게 말했다》에서 인간 정신은 '낙타 → 사자 → 어린아이'의 세 단계로 발달한다고 주장했다. 먼저 낙타부터 살펴보자. 사막을 횡단

하는 카라반의 그 많은 짐들을 낙타는 묵묵히 지고 간다. 짐을 싣기 전 무릎을 꿇고 짐이 모두 실리면 무릎을 편다. 그리고 작열하는 태양의 모랫길을 한없이 걸어간다. 밤이 되면 급속히 차가워지는 공기를 견디고 다음날이 되면 또다시 짐을 지고 간다. 반항하거나 항거하는 일은 없다. 주어진 짐을 지고 주어진 먹이를 먹고 주어진 물을 마실 뿐이다. 사람들은 그런 낙타의 성실함과 선량함을 예찬했다. 그러나 그건 인간의 관점일 뿐이다. 니체가 말하는 낙타는 노예에 불과하다. 궤도를 이탈할 용기가 없기 때문에 의지와 자유를 포기하고 복종하는 짐꾼, 그 이상도 그 이하도 아니다. 다른 낙타도 그리 살기에 자신도 그냥 그리 사는, 무기력한 존재일 뿐이다.

낙타는 울부짖지 않는다. 울부짖을 만큼 괴롭지 않기 때문이다. 낙타는 웃지도 않는다. 웃을 만큼 행복하지 않기 때문이다. 그것이 자유를 포기한 낙타의 삶이다. 마치 군중 속에 숨어서 자신의 존재를 잊고 사는 사람과 같다. 의문을 품지 않기에 무엇이 잘못되었는지도 모르는 사람, 때문에 그것을 숙명으로 받아들이는 사람, 그 숙명에 휩싸여 자신의 생각과 의지는 모래바람과 함께 날려버린 사람. 그런 사람들은 울부짖지 않는다. 울부짖을 만큼 괴롭지 않기 때문이다. 그런 사람들은 웃지도 않는다. 웃을 만큼 행복하지 않기 때문이다.

낙타가 굴종의 삶을 산다면, 이와 반대되는 삶을 사는 동물도 있다. 날카로운 송곳니와 발톱을 지닌, 그리고 뭇짐승이 주눅들도록 포효하는 사자다. 사자는 결코 순종하지 않는다. 눈앞에서 자신을 위협하는 존재를 가만두는 법도 없다. 발톱을 세운 사자는 상대를 쓰러뜨리고 물어뜯는다.

적어도 상대에게 위협을 가할 줄 아는 사자가 낙타보다는 나아 보이기도 한다. 하지만 사자는 쉬지 않고 으르렁거리기만 할 뿐이다. 그렇게 모두를 적으로 돌리고 늘 혼자인 까닭에 불안하고 고독한 존재다. 마치 끊임없이 불만을 표시하고 불평을 늘어놓으며 거슬리는 사람에게 시비를 걸지만, 결국 아무것도 바꾸지 못한 채 그저 씩씩대기만 하는 사람과 같다. 사람들이 등돌리게 만들어놓고 자기편은 아무도 없다며 원망하는 사람과 같다.

정당한 노동의 대가를 받지 못했을 때를 가정해보자. 남들도 다 그러니까, 살기 어려운 세상이니까, 사장도 어렵다고 하니까, 먹고 살 수 있는 게 어디냐며 묵묵히 받아들이는 사람이 있다. 날을 바짝 세우며 화를 내는 사람도 있다. 눈앞의 만만한 사람에게만 말이다. 두 사람 모두 문제를 해결하지 못한다는 점에서는 같은 처지다. 대응하는 방식만 다를 뿐 삶은 다르지 않다.

그것이 사회의 불합리라면 사회를 고쳐야 한다. 그것이 고용주의 불합리라면 고용주에게 따지고 법에 호소해야 한다. 순종하면 바꿀 수 없다. 화만 내서도 바꿀 수 없다. 바꾸기 위해서는 '내가' '왜' 이런 취급을 받고 있는지를 알아야 한다. 여기에서 '내가', '왜'라는 두 단어는 무척 중요하다. 먼저 '내가'라는 말에는 자신에 대한 자각이 들어 있다. 니체는 말한다.

"너 자신이 되어라(Werde, der du bist)!"

물론 낙타의 삶도, 사자의 삶도 그 나름의 의미는 있다. 낙타는 '마땅히 해야만 한다'는 중력의 정신을 알려주며, 사자는 'No'를 외칠 수 있는 자유의 정신을 일깨운다. 하지만 그것이 온전한 '나 자신'은 아니기에 안주하고 머물러서는 안 된다는 것이다. 변화의 단계를 거쳐 진정한 자기 자신을 찾은 사람은 이 세상 자체를 인정할 수 있고 긍정할 수 있기 때문에 진정 웃을 줄 아는 자라는 것이 니체의 주장이다. 그래서 그가 인간 성장의 최고점이자 진정한 자기 자신으로 본 세 번째 단계는 '어린아이'다.

> 어린아이는 순진무구함이며 망각이고, 새로운 출발, 놀이, 스스로 도는 수레바퀴, 최초의 운동이자 성스러운 긍정이다. 형제들이여, 창조라는 놀이를 위해서는 성스러운 긍정이 필요하다. 정신은 자기 자신의 의지를 욕구하며, 세계를 상실한 자는 자신의 세계를 되찾는다.
>
> – 니체, 《차라투스트라는 이렇게 말했다》

니체는 어린아이, 즉 진정한 자기 자신으로 살고 싶다면 망치를 들어 스스로를 파괴하라고 조언한다. 온전히 나 자신만의 가치를 남기고, 나를 둘러싼 세상의 잉여가치를 부숴버리라는 것이다. 그래서 필요한 것이 '왜'의 망치다. '왜'라는 말에는 변화에 대한 의지가 숨어 있다. '왜'라는 생각에는 방향이 내포되어 있다. 그 방향은 분노해야 할 대상이고, 바꾸어야 할 관습이고, 나 자신이 유폐되어 있는 감옥이다. 나를 자각해서 변화에 대한 의지를 가질 때, 비로소 낙타와 사자가 아닌 사람으로 살 수 있다. 내가 나로 살 수 있다.

그리고 이것이 니체가 '나'를 찾아낸 방식이다. 내면에 있는 낙타와 사자를 자각하고, 이들의 장점을 취하되 단점을 보완하면서 발전을 거듭하며 결국 어린아이라는 가장 높은 단계에 도달하고자 한 것이다.

'왜'라는 칼을 꺼내든 단 한 사람

/

다시 중세로 시계를 돌려보자. 모두가 눈이 가려진 삶에 익숙해져 그저 살아내기에 급급할 때, 감히 '왜'라는 칼을 꺼내든 사람이 있었다. 그 칼로 보자기에 구멍을 내고 진실을 보고자 한 사람이 있었다. '왜 왕의 힘이 신에게서 비롯된 것인가?', '동일한 열정과 비슷한 힘을 지닌 사람들이 어째서 강자와 약자로 갈리는가?' 모두가 당연하게 받아들이던 것에 처음으로 의문을 품었던 사람, 그는 사회 철학의 토대를 마련한 철학자 토머스 홉스였다.

홉스는 어떻게 왕권신수설에 균열을 내고자 했을까. 굳건한 신의 권력에 틈을 만들어내기 위해 무엇을 했을까. 문제를 해결하는 가장 좋은 방법은 문제의 근원을 파헤치는 것이다. 왕권신수설이 무엇인지 정확히 모르면서 반론을 펴기는 어렵다. 문제의 근원을 마주하고 그곳에서 다시 시작하지 않는 것은, 모기는 잡지 않은 채 가려운 곳만 긁어대는 미련함과 다름없다.

'왜'라는 의문의 칼로 왕권신수설을 파헤친 홉스가 내놓은 것은 '사회계약설'이었다. 홉스가 던진 질문은 국가라는 절대 권력이 도대체 어디서 오느냐였다. 그는 국가가 생기기 이전의 세상을 자연상태라고 말했다. 홉스에 의하면 그때는 만인의 만인에 대한 투쟁의 상태였고, 인간은 서로 끊임없이 투쟁하다 공멸을 면치 못할 터였다. 이에 사람들은 그 상태를 타개하기 위해 계약을 맺는다. 계약의 내용은 자신들의 모든 것을 하나의 주권체에 위임하고 따른다는 것이었다. 즉 국가는 신의 위임이 아니라 사람들의 계약으로 생겨난다는 것이 홉스의 주장이었다.

공공의 권력을 수립하는 유일한 방법은 자신의 권력과 힘을 한 사람

또는 하나의 합의체에 양도하는 것이다. 다시 말해 한 사람 혹은 하나의 합의체를 지정해 자신들의 인격을 떠맡게 하는 것이다. 이 말은 단순한 동의 혹은 의견 일치 그 이상을 의미한다. 이것은 만인이 만인을 상대로 계약을 맺어 결정된 진정한 통일을 의미하기 때문이다. 이것은 마치 만인이 만인을 상대로 다음과 같이 말하는 것과 같다.

"당신이 그 사람 혹은 합의체에게 권리를 양도하고, 그의 모든 행동을 승인한다는 조건으로, 나도 그 사람 혹은 그 합의체에게 나 스스로를 다스릴 권리를 양도한다."

– 홉스, 《리바이어던》

사회계약설은 어느 날 번뜩 떠오른 기발한 아이디어가 아니었다. 오랜 고민과 공부 끝에 맺은 결실이었다. 옥스퍼드대학을 졸업한 홉스는 어느 귀족의 가정교사가 되었고, 대학 도서관 못지않은 책을 보유한 그 집에서 마음껏 책을 읽었다. 또 그 집을 자주 방문하던 유력 정치인들과의 대화를 통해 현실 정치의 감각을 익혔다.

이후 그는 여행을 다니기 시작했다. 놀러 다닌 것이 아니었다. 홉스의 여행은 머리로 익힌 지식과 정보를 직접 겪고 느끼며 체화하는 과정이었다. 첫 번째 여행에서는 종교전쟁의 처참한 모습이 머리에 각인되었다. 두 번째 여행에서는 유클리드 기하학을 배웠고, 그 정밀성과 논리성에 깊은 감명을 받았다. 세 번째 여행에서는 갈

릴레이를 만났고 자연과학에 매료되었다. 이 모든 여정의 끝은 '철학이 인류에게 남긴 불후의 걸작 중 하나'로 평가받는 그의 저서 《리바이어던》이다. 《리바이어던》의 특징 중 하나는 자연과학에 많은 영향을 받았다는 것이다. 홉스는 정치 문제를 자연과학적인 방법으로 연구하고 싶어 했는데, 그것이 윤리와 정치에 객관성을 확보하는 방법이라고 생각했기 때문이다. 그는 《리바이어던》에서 상당히 실증적이고 논리적인 분석과 설명을 시도하며 사회계약설을 주장했다.

왕권신수설이 가장 무서워했던 것은 무엇이었을까. '그게 아닐지도 모른다'는 의심이었을 것이다. 그리고 '그럼 무엇이 그것을 대체할 수 있느냐'라는 사상적 시도였을 것이다. 이에 절대왕정은 강력한 권위를 토대로 누구도 감히 의심을 품거나 의문을 가질 수 없도록 만들었다. 대부분의 사람들은 그 무지와 공포의 보자기를 의심 없이 받아들였다. 그 숨막히는 현실에 숨구멍을 내준 게 홉스의 사회계약설이었고, 이는 민주주의의 가능성이 되었다.

물론 홉스말고도 뭔가 이상하다고 생각한 사람이 있었을 것이다. 하지만 무엇이 이상한지, 왜 이상한지를 파헤치기 위해서는 많은 노력과 공부가 필요했다. 오늘 하루를 먹고살기 바쁜 사람에게 그 노력과 공부의 시간은 사치처럼 느껴졌을지도 모른다. 그럼 홉스에게는 그런 사치를 부릴 돈과 시간이 있었던 것일까? 아니다. 홉스의 아버지는 술주정을 부리고 싸움을 일삼다가 목사 직분까지 박탈 당했던 인물이다. 추후 돈이 많은 삼촌의 후원을 받아 공부할 수 있었지만, 홉스는 가난과 폭력의 그림자가 드리워진 어린 시절을 보내야 했다. 사실 그는 출생도 순탄치 않았다. 홉스가 태어날 당시 그의 고향 맘즈베리에는 스페인의 무적함대가 침공한다는 소문이 퍼졌다. 이 소식을 들은 홉스의 어머니는 놀란 나머지 임신 7개월 만에 조산하고 말았다. 홉스는 이를 두고 "나와 공포는 쌍둥이로 태어났다"고 회고했다.

그런 그가 여느 사람들과는 달리, 무엇이 이상한지 왜 이상한지를 공부한 이유는, 왕권신수설을 파헤치며 사회계약설을 정립하는 데 노력을 기울인 이유는, 자신의 조국 영국이 하루빨리 안정을 되찾기를 바랐기 때문이다. 즉 지금의 상황이 달라지기를, 더 나아지기를 바랐기 때문이다. 모든 사람들이 각자 자신의 가치를 온당히 인정받고 누리며 살기를 바랐기 때문이다. 그에게 공부란 단순히 지식을 쌓는 행위가 아니었다. 사람이 사람답게 살기 위한 길이자 잘못된 것을 바로잡기 위한 방편이었다.

우리가 누리고 있는 민주주의는 거저 얻어진 것이 아니다. 미국 독립선언문을 기초했고 3대 대통령이 되기도 했던 토머스 제퍼슨은 "민주주의란 나무는 때로는 애국자와 압제자의 피를 먹고 자란다"고 했다. 독재에 반대하던 사람들이 흘린 피로 지금의 민주주의는 이루어졌다. 이건 홉스의 시대도 마찬가지다. 왕권신수설에 반대하기 위해서는 압제의 공포를 이겨내야 했을 것이다. 홉스는 사람이 사람답게 살 수 있어야 한다는 희망과 열망으로 그 어마어마한 공포를 이겨냈다. 그렇기에 홉스의 공부는 현실의 공포를 넘어서는 용기였다고 할 수 있다. 그의 용기로 인해 많은 사람들이 강요와 지배에서 벗어날 수 있었다. 주입된 생각이 아닌 스스로의 생각을 할 수 있었다.

희망과 열망은 공포를 극복하게 한다. 하지만 단순히 희망하고 열망한다고 해서 이룰 수 있는 것은 없다. 희망과 열망은 실천이 수반될 때만 실현될 수 있다. 그러나 무모한 실천은 헛된 희생을 낳을 뿐이다. 실천이 의미 있기 위해서는 그것이 왜 필요한지, 어떻게 해야 하는지를 고민하고 연구해야 한다. 홉스가 그랬던 것처럼 말이다.

허물을 벗지 않으면
허물 속에서 죽고 만다
/

모르면 편하다. 괜히 의문을 품을 일도 없고, 의문을 해결하고자 애쓸 필요도 없으니 말이다. 보자기를 쓴 소는 지금 곡식이 제대로 빨아지고 있는지 고민할 필요가 없다. 차안대를 찬 말은 다른 말들이 질주하는 모습에 겁먹지 않아도 된다. 어쩌면 중세의 많은 사람들은 보자기가 씌워져 '보이지 않은 것'이 아니라 보자기를 쓴 채 '보지 않은 것'인지도 모른다. 그것이 훨씬 편하기 때문이다. 편안함의 대가는 정체다. 그들은 발전도 변화도 없이 평생 그렇게 살아야 했다. 열심히 일해서 남의 배만 불리는 삶을.

〈토리노의 말(A Torinói ló)〉이라는 영화가 있다. 헝가리의 벨러 터르(Béla Tarr)가 연출한 이 작품은 베를린 영화제에서 은곰상과 국제비평가협회상을 수상하기도 했다. 이 영화의 또 다른 이름은 〈니체의 말〉인데, 첫 장면도 니체와 함께 시작된다.

1889년 1월 3일 니체는 토리노에 있었다. 문밖을 나서던 니체의 눈에 수레를 끄는 말과 마부가 들어왔다. 그런데 어찌된 일인지 말이 꿈쩍도 하지 않았다. 마부가 어르고 달래보았지만 아무 소용이 없었다. 결국 마부는 말에게 채찍을 휘두르기 시작했다. 그 모습을 본 니체는 황급히 뛰어가더니 말의 목을 팔로 감싸 끌어안으며 오열했다. 사람들에 의해 집으로 돌아왔지만 니체는 실신했고 그로부터 10여 년간 정신병을 앓았다.

니체가 말을 끌어안고 오열했던 이유는 늙은 말이 사람과 같이 느껴졌기 때문이다. 채찍에 인도되는 삶을 사는 사람, 그 굴레를 벗어나지 못하는 사람, 니체는 그런 사람을 말에서 보았을 것이다. 그

안타까움과 서러움이 울음으로 터져나왔을 것이다. 실제로 영화는 마부와 마부의 딸도 그들이 기르는 말과 별반 다르지 않음을 보여준다.

시장에 나갔던 마부와 딸은 황량한 시골 마을로 돌아와 말을 외양간에 넣고 건초를 먹인 뒤, 물을 긷고 빨래를 걷고 감자를 삶아 먹는다. 잠에서 깨면 추위를 이기기 위해 독한 술을 한잔 마시고 또 건초를 주고 물을 긷고 빨래를 하고 감자를 먹는다. 수레를 끄는 말이 이끌리는 대로 걸어가듯 이들 역시 주어진 대로 살아간다. 절망도 희망도 없는 매일의 삶을 살며 죽음이라는 소멸의 길로 천천히 걸어간다.

마부도 딸도 말도 비슷한 삶을 살아간다. 왜 이렇게 살아야 하는지 궁금해 하지 않았기 때문이다. 사람이 소나 말이 아닌 사람답게 살기 위한 길, 낙타나 사자가 아닌 나 자신으로 살기 위한 길의 시작은 삶에 이유를 물을 용기를 내는 것이다. 더불어 나를 둘러싼 세상의 잉여가치를 모두 부숴버리고, 오직 나 자신의 가치만을 남기겠다는 결연한 다짐을 하는 것이다. 홉스가 '왜'라는 물음을 통해 결국 왕권신수설을 부수고 사회계약설을 주장했듯이 말이다.

철학은 영어로 '필로소피(philosophy)'라고 한다. 이 말은 그리스어 '필로소피아(philosophia)'에서 유래한다. '필로(philo)'는 '사랑하다', '좋아하다'라는 뜻이고 '소피아(sophia)'는 '지혜'라는 의미를 가지고 있다. 그래서 철학은 지혜를 사랑하는 것이다. 그런데 우리는 종종 사랑을 혼동한다. 사랑이라는 명목하에 군림하려고 하고, 숭배하려고 하고, 또 가두려고 한다. 니체는 이야기한다.

> 너는 노예인가? 그렇다면 너는 친구가 될 수 없다. 너는 폭군인가? 그렇다면 너는 친구를 가질 수 없다.
>
> – 니체, 《차라투스트라는 이렇게 말했다》

대상이 사람이든 지혜든, 사랑은 함께하는 것이다. 그 사이엔 어떤 위계도 없다. 그런데 우리는 자주 실수를 범한다. 누군가 만들어 놓은 제도를, 누군가 이야기한 이론을, 누군가 뱉은 말을 떠받들면서 정작 가장 사랑해야 할 상대, 바로 자기 자신을 놓친다. 그래서 니체는 신을 죽인 것이다. 니체 하면 떠오르는 그 유명한 말 "신은 죽었다"의 '신'은 올림포스에 살고 있다는 그리스 로마의 신이나 유일신이 아니다. 그 신은 바로 우리 위에서 군림하며 숭배를 강요하는 '절대'들이다. 왕권신수설이라는 보자기를 쓴 채 살았던 중세의 사람들이 그랬듯, 절대적인 믿음, 절대적인 숭배, 절대적인 복종 속에는 내가 없다. 나를 찾기 위해서는 그 절대를 죽여야만 한다. 니체는 또 말한다.

> 허물을 벗지 않는 뱀은 결국 죽고 만다. 인간도 완전히 이와 같다. 낡은 사고의 허물 속에 언제까지고 갇혀 있으면, 성장은 고사하고 안쪽부터 썩기 시작해 끝내 죽고 만다.
>
> – 니체, 《아침놀》

허물을 벗는 일은 두렵다. 그 허물이 나인 것 같기 때문이다. 직장에서 승승장구하며 인정받는 나 안에 감춰진 열등감 덩어리를 마주하고 싶은 사람은 없을 것이다. 배려와 친절로 사람들의 호감을 사는 나 안에 숨겨진 이기주의자를 들키고 싶은 사람은 없을 것이다. 허물은 나를 보호해주는 존재 같다. 하지만 그것은 진정한 내가 될 수 없다. 나라고 믿고 싶은 허울일 뿐이다. 허물을 벗지 않으면 진짜 나는 허물 속에서 죽고 만다.

파란 약을 선택할 것인가,
빨간 약을 선택할 것인가

/

말을 끌어안고 통곡한 일이 있은 후 니체는 꼬박 이틀을 누워 있었다. 그리고 그가 남긴 말은 "어머니, 나는 바보였어요"였다. 니체는 왜 느닷없이 자신을 바보라고 했을까. 어떤 사람들은 아무리 노력해도 한계를 뛰어넘을 수 없는 말의 모습에 니체가 절망했기 때문이라고 말한다. 또 어떤 사람들은 굴레를 벗어나기 위해 몸부림치는 말에게서 '인간이 어린아이와 같은 자신의 의지를 찾아야 한다'고 고독한 몸부림을 하던 니체 자신의 모습을 발견했기 때문이라고 말한다. 진짜 이유는 알 수 없으나 니체가 말을 통해 어떤 깨달음을 얻은 것만은 분명한 듯하다.

니체는 말을 끌어안고 오열한 후, 1900년 쉰여섯의 나이로 죽기 전까지 11년간 빈사 상태에 있었다. 하지만 그는 우리에게 《차라투스트라는 이렇게 말했다》라는 걸작을 남겼다. 이 책이 처음 나왔을 때 고작 40권만 팔렸다. 그중 일곱 권은 증정본이었다. 니체는 그의 말처럼 바보였을지도 모른다. 아무도 자기 자신을 찾지 않는데 그만이 그것을 찾으라고 했다. 누구도 동조하지 않는 삶을 살았으니 바보가 맞는지도 모르겠다. 바보든 아니든 니체가 다른 사람과 구분되는 특별한 점이 있었다면, 부정 속에서도 긍정을 놓지 않았다는 것이다. 그가 인간 성장의 최고점이자 진정한 자기 자신으로 본 '어린아이'처럼, 니체는 자신을 사랑했고 신념을 놓지 않았다. 망치를 들고 '나'를 둘러싼 장벽을 부숴 나가면서 '나 자신'을 점점 키워갔다.

> 타조는 가장 빠른 말보다도 더 빠르게 달리지만, 아직도 그 머리를 대지에 무겁게 처박고 있다. 아직 날지 못하는 인간도 타조와 같다. 그

러한 인간에게 대지와 삶은 무겁기만 하다. 그리고 그것은 중력의 영이 바라는 바다! 그러나 가벼워져서 새가 되기를 바라는 자는 자신을 사랑해야만 한다. 나는 이렇게 가르친다.

– 니체, 《차라투스트라는 이렇게 말했다》

아모르파티(Amor Fati), 자신의 운명을 사랑하라는 니체의 이 유명한 주문은 고난과 역경까지도 받아들이는 적극적인 방식과 태도를 의미한다. 즉 부정적인 것을 긍정적인 것으로 가치 전환하여, 자신의 삶을 긍정하라는 것이다.

헤르만 헤세는《데미안》에서 "새는 알을 깨고 나온다. 알은 새의 세계이다. 새로 태어나고자 하는 자는 한 세계를 파괴해야만 한다"고 했다. 홉스와 니체는 우리에게 세계를 파괴할 망치를 쥐어준다. 그러나 이것은 파괴의 망치가 아니다. 새로운 세계를 만들기 위한 창조의 망치다. 자, 지금 당장 망치를 들어보자. 나를 둘러싼 벽을, 강요되는 '절대'들을, 내가 아닌 모든 것을 두드려보자.

물론 그냥 지금처럼 사는 것도 나쁘지 않다면, 새로운 변화가 두렵고 부담스럽다면 굳이 용기를 내지 않아도 된다. 영화 〈매트릭스〉에서 모피어스는 주인공 네오에게 파란 약과 빨간 약을 보여준다. 파란 약을 먹으면 그냥 지금과 똑같은 삶을 사는 것이고, 빨간 약을 먹으면 진실을 대면해야 한다. 진실이 무엇인지 모르기에 두려움이 밀려들 수밖에 없다. 하지만 진실을 회피하면 기계문명의 건전지로 살아야 하는 운명을 피할 수 없다.

나는 파란 약을 선택할 것인가, 빨간 약을 선택할 것인가?

다시 물어보자.

보이지 않는 것인가, 보지 않는 것인가?

내가 나로 살기 위한 여정은 바로 이 질문에서 시작된다.

발견

내가 살려야 할 단 한 사람

: 쇠로 된 벽을 기꺼이 두드린 사람, 공자 :

청쿵그룹이라는 대기업이 있다. 청쿵은 중국을 관통해서 흐르는 '장강(長江)'을 이른다. 장강이 거대하고 도도하면서도 그렇게 길게 흐를 수 있는 이유는 수많은 지류를 포용했기 때문이다. 장강을 이름으로 삼은 것은 이러한 강의 의미를 기업에 반영하기 위해서다.

청쿵그룹의 대표가 '아시아 최대 갑부'로 알려진 리자청(李嘉誠)이다. 특히 그는 홍콩 발전을 이끈 신화적 인물로 알려져 있다. 홍콩 사람들은 청쿵그룹이 지은 아파트에서 잠을 자고, 그들이 건설한 도로와 교량 등을 통해 출퇴근하고, 그들이 제공하는 전화나 전기, 인터넷을 이용하고, 그들이 만든 매장에서 식사하거나 물건을 구매한다. "홍콩에서 1달러를 쓰면 그중 5센트는 리자청의 주머니 속으로 들어간다"는 말이 있을 정도다.

성공한 기업인답게 그와 관련된 많은 이야기가 전해진다. 리자청은 '의로운 부'를 강조하며 빈곤가정 구제와 장애인 재활 프로젝트, 의료 봉사활동 등에 천문학적인 개인 자산을 기부하고 있다. 지금까지 1조 5천억 원이 넘는 금액을 기부했고 2006년에는 "내 재산의 3분의 1을 기부에 쓰겠다"고 밝혔다. 리자청의 경제관념은 다음 일화에서도 잘 드러난다. 비가 내리던 어느 날, 그가 차를 타는데 바닥에 1센트짜리 동전이 떨어져 있었다. 그가 허리를 굽혀 집으려고 하자 호텔 직원이 대신 주워서 건넸다. 그러자 리자청은 직원에게 10달러를 주며 말했다.

"당신이 이 동전을 줍지 않았다면 이 동전은 빗물에 쓸려 내려가 아무짝에도 쓸모없는 것으로 낭비되었을 것이다. 하지만 내가 동전을 주은 대가로 당신에게 준 이 10달러는 낭비되지 않을 것이다."

푼돈도 소중히 생각하고 그 소중한 돈을 더 의롭게 쓰겠다는 그의 철학을 확인시켜주는 대목이다. 하지만 리자청과 관련해 이보다 더 유명한, 그를 대표하는 이야기라면 공부에 대한 지독하리만치 집요한 열정에 관한 것이다.

아무것도 가진 것이 없는 사람의 성공 비결
/

리자청은 열네 살 때 집안 형편 때문에 학교를 그만두고 혼자 가족을 부양해야 했지만, 학업의 끈만은 절대 놓지 않았다. 아무것도 가진 것이 없는 자신이 가난에서 벗어날 수 있는 유일한 출구가 공부라고 믿었기 때문이다.

"사람들은 저에게 독학을 했다고 표현합니다. 하지만 가진 것이 없었던 저는 남의 것을 빼앗다시피 치열하게 배웠습니다."

리자청은 고된 노동을 마치고 집으로 돌아온 후, 희미한 등불에 의지해 교재를 읽으면서 핵심 내용을 추려냈다. 그리고 교사와 학생이 대화하듯 스스로에게 묻고 답하는 방식으로 공부했다. 그렇게 낮에는 일하고 밤에는 공부하며 중고교 과정을 마쳤다. 그야말로 주경야독의 표본이라고 할 수 있는 인물이다.

공부는 결국 그에게 거대한 성공을 가져다주었다. 1957년 언제나처럼 다양한 책과 전문서적을 즐겨 읽던 리자청은 플라스틱 전문잡지를 보다가 무릎을 쳤다. 한 이탈리아 플라스틱 회사가 조화를 만들어 유럽과 미국 시장을 휩쓸고 있다는 기사를 보고, 이것이 돈을 벌 수 있는 기회라는 사실을 직감했다. 바로 이탈리아로 날아간 그는 플라스틱 조화를 만드는 기술을 배워서 홍콩으로 왔고, 예상대로 조화는 불티나게 팔려나갔다. 오늘날 그가 부동산 개발, 호텔, 항만, 건설, 에너지 등 약 500여 개 기업을 거느린 부호가 될 수 있었던 밑바탕은 조화사업으로 벌어들인 큰돈이었다. 성공 비결을 묻는 사람들에게 리차청은 공부하고, 공부하고, 또 공부하라고 말한다.

"나는 여태껏 새로운 과학기술, 새로운 지식의 책을 끊어본 적이 없다. 새로운 정보를 이해하지 못해 시대의 흐름에서 이탈하지 않으려고 그러는 것이다."

아흔을 바라보는 지금도 그는 공부를 게을리하지 않는다. 잠자기 전 삼십 분간은 반드시 문학, 철학, 과학, 경제 등 분야를 가리지 않고 책을 읽는다고 한다. 수준급 영어를 구사하는 비결로는 매일 한 시간씩 보는 영어 뉴스를 꼽는다. 새로운 것에 대한 끊임없는 탐구는 리자청이 지속적으로 강조하고 평생 실천에 옮긴 성공의 큰 요소다.

리자청에게 공부는 새로운 삶을 발견하는 기회가 되었다. 어린 시절 가난에서 탈출하기 위해 공부했던 그는, 청년이 되어서는 성공하기 위해 공부했고, 성공한 후에는 더 큰 성공과 이를 토대로 한 나눔을 위해 공부했다. 공부의 시작과 끝, 중심에는 리자청 본인과 자신의 삶이 자리하고 있다. 그는 가난의 구렁텅이에 빠진 자신을 살리기 위해, 고통받는 삶을 구해내기 위해 공부했다. 그리고 이제는 가난의 구렁텅이에 빠진 사람들을 살리기 위해, 고통받는 삶들을 구해내기 위해 공부하고 있다.

쇠로 된 방을 부술 희망 /

중국의 문호 루쉰은 소설《고향》에서 이렇게 이야기한다.

> 희망이란 본래 있다고도 할 수 없고, 없다고도 할 수 없다. 그것은 마치 땅 위의 길과 같은 것. 본래 땅 위에는 길이 없었다. 걸어가는 사람

이 많아지면 그것이 곧 길이 되는 것이다.

– 루쉰, 《고향》

루쉰에게 희망은 있다고도 할 수 없고 없다고도 할 수 없는 것이었다. 루쉰의 오랜 친구였던 진신이(金心異)가 글을 써보라고 권했을 때 루쉰은 이렇게 답한다.

"가령 쇠로 된 방이 하나 있다고 하세. 창문도 없고 또 절대로 부숴버릴 수도 없는 그런 방이야. 그 속에는 많은 사람들이 깊이 잠들어 있지. 그러나 머지않아 모두 죽을 판이야. 하지만 혼수상태에 빠져 곧장 죽음에 이르기 때문에 어떠한 고통도 느끼지 않는다고 치세. 그런데 자네가 마구 소리쳐 아직 약간 의식이 맑아 있던 몇 사람을 놀라게 하여 깨움으로써 그 사람들이 도저히 구원받을 수 없는 임종의 고통을 맛보게 된다면 과연 자네가 그들에게 잘한 것이라고 여길 수 있겠나."

그 말에 진신이는 되묻는다.

"그러나 다만 몇 사람이라도 일어난다면 그 쇠로 된 방을 부술 희망이 전혀 없다고는 할 수 없지 않겠나?"

루쉰이 말한 쇠로 된 방은 당시 중국 사회였다. 현실을 절대 바꿀 수 없을 것 같으니 굳이 대중들에게 괴로운 현실을 일깨워줄 글은 쓰지 않겠다는 것이었다. 그러나 진신이는 루쉰에게 한 사람이라도 더 깨우치면 절대로 '바뀌지 않을 현실'이 '바꿀 수 있는 현실'이 된다고 말했다. 이렇게 탄생한 작품이 루쉰의《광인일기》다.

우리는 어떨까. 쇠로 된 방은 부술 수 없으니 그냥 포기할 것인가. 일말의 희망에 모든 것을 걸고 손에 피가 나도록 벽을 두드릴 것인가. 공자는 벽을 두드리는 사람이었다. 그리고 그 벽을 부술 수 있다고 믿는 사람이었다.

흔히 공자를 꼰대로 생각한다. 공자는 입만 열면 '예(禮)'를 강조했다. 부모에게 효도하고 임금을 모시고 형제자매간에 우애를 돈독히 하고 어른을 공경하라고 이야기했다. 그의 말은 어렸을 때 귀가 닳도록 들었던 잔소리처럼 느껴진다. 그런데 고리타분한 잔소리만 늘어놓던 공자가 벽을 두드릴 정도로 진취적인 사람이라니? 그가 그토록 모험적인 인물이었던가.

공자가 정나라를 방문했을 때 제자들과 길이 엇갈렸다. 공자를 찾아다니는 자공의 물음에 한 사람이 말한다.

"이마는 요임금과 같고 목은 순임금과 같으며 어깨는 명재상 자산과 같았지만 그 지친 모습은 상갓집 개 같았다."

공자는 상갓집 개 같다는 소리를 들어가면서까지 중국을 주유하며 자신의 사상을 설파했다. 그 이유는 그가 살았던 시대에 있다. 공자가 살았던 춘추시대는 혼란의 시대였고 전쟁의 시대였다. '예'는 그 혼란을 종식할 방법을 고민하던 공자가 오랜 노력 끝에 찾아낸 해결책이었다.

신하가 왕을 죽인다. 자식이 부모를 공경하지 않는다. 형제가 서로 싸운다. 공자가 생각할 때 이 비정상적인 상황을 정상으로 되돌릴 방법은 오직 예를 찾는 것이었다. 그래서 그는 상갓집 개처럼 행색이 누추해질 때까지 중국의 방방곡곡을 돌아다니며 자신의 사상을 펼쳤다. 안타깝게도 공자는 끝내 뜻을 이루지는 못했다. 춘추시대의 혼란을 종식시키지도 못했고, 자신 역시 크게 쓰이지 못했다. 그렇다. 공자는 정치적으로 실패했다. 하지만 그 삶이 실패한 것은 아니다. 훗날 공자는 유가의 조종이 되었고 중국을 지배하는 사상가가 되었다. 비록 자신이 산 시대의 벽을 부수지는 못했지만, 끊임없이 사회의 모순을 향해 벽을 두드리는 사람들을 낳고 또 낳은 것이다.

공자는 혼란을 끝내기 위해, 그리하여 궁극적으로 사람을 살리기 위해 공부했고, 이로써 깨달은 것을 나누고자 힘썼다. 그렇다면 나도 사람을 살리기 위해 공부를 해야 한다는 이야기인가. 맞기도 하고, 틀리기도 하다. 내가 살려야 할 사람은 쇠로 된 방 안에 갇힌 사람들이 아니다. 시대의 혼란에 휩쓸린 연약한 백성이 아니다. 나에겐 아직 그 정도의 지식과 힘이 없다. 내가 살려야 할 사람은 단 한 명이다.

내가 살려야 할 단 한 사람, 바로 나 자신이다.

나는 누구인가?
진짜 나는 누구인가?
/

나는 누구인가? ○○기업의 대리, 누군가의 배우자, 누군가의 부모, 누군가의 자식 같은 설명은 접어두도록 하자. 이런 것들은 나를 설명하기 위한 수식어일 뿐, 나 자신은 아니다. 생각해보자. ○○기업의 대리는 회사를 그만두는 순간 잃게 되는 신분이 아닌가.

진짜 나는 누구인가? 아마 선뜻 답할 수 없는 사람이 많을 것이다. 내가 누구인지 생각해본 적이 없기 때문이다. 내가 누구인지 잊고 살았기 때문이다. 명문대 타이틀만 획득하면 나의 가치도 높아질 것이라 기대했지만, 나는 그 대학을 졸업한 수십만 명 중 고작 한 명에 불과할 뿐이다. 대기업만 들어가면 나의 신분이 상승하는 것이라 생각했지만, 나는 대기업에 다니는 수많은 직장인 중 한 명일 뿐이다. 나를 위한다고 했던 노력들이 결국 별다른 의미를 지니지 못하는 것이 현실이다. 그렇다면 지금 나에게 필요한 것은 무엇일까.

공자가 증자에게 말했다.

"삼아, 나의 도는 하나로 꿰어져 있다."

증자가 대답했다.

"예, 그렇습니다."

공자가 밖으로 나가자 옆에 있던 문인이 공자가 한 말의 뜻이 무엇이냐고 물었다. 그러자 증자는 이렇게 대답했다.

"선생님의 도는 충(忠)과 서(恕)일 뿐입니다."

여기에서 충은 임금에 대한 충성이 아니다. 충은 참된 마음으로 자신에게 정성을 다하는 것이다. 자신을 참되게 하고 그런 자신을 정성스럽게 하여 긍정한다는 것이다. 그렇다면 서는 무엇일까? 서는 충의 외적인 확장이다. 참된 나여야 다른 사람의 마음을 헤아릴 수 있다. 참된 나를 대하듯이 다른 이를 대하라는 것이다.

공자가 예를 강조한 것은 사람의 할 도리를 다하라는 것이다. 공자가 충서를 이야기한 것은 자신에게 할 도리를 다하라는 것이다. 자신에게 할 도리를 다한다는 것은 무엇일까? 나를 공부하는 것이다. 내가 원하는 삶이 무엇인지 깨닫는 것이다. 진짜 내가 누구인지 발견하는 것이다. 이것은 긍정적인 파문을 일으킨다. 그렇게 되면 나를 긍정하게 되고, 나를 귀하게 여기게 된다. 귀한 내가 하는 것이기에 내가 하는 일도 귀한 것이 된다. 다른 누군가가 섣불리 무너뜨릴 수 없는 나를 만들어주는 것이다.

나를 긍정하고 삶을 긍정하게 되는 것의 힘을 보여주는 일화가 있다.

어느 날 공자가 조카 공멸을 만나 물었다.

"네가 벼슬한 뒤로 얻은 것은 무엇이며, 잃은 것은 무엇이냐?"

공멸은 표정이 어두워지더니 대답했다.

"얻은 것은 없고 잃은 것만 세 가지 있습니다. 첫째 나랏일이 많아 공부할 새가 없어 학문이 후퇴했으며, 둘째 받는 녹이 너무 적어서 부모님을 제대로 봉양하지 못했습니다. 셋째 공무에 쫓기다보니 벗들과의 관계가 멀어졌습니다."

공자는 이번엔 공멸과 같은 벼슬로 같은 일을 하는 제자 복자천을 만나 같은 질문을 해보았다. 복자천은 미소를 지으며 대답했다.

"잃은 것은 하나도 없고, 세 가지를 얻었습니다. 첫째 글로만 읽었던 것을 이제 실천하게 되어 학문이 더욱 밝게 되었고, 둘째 받는 녹을 아껴 부모님과 친척을 도왔기에 더욱 친근해졌습니다. 셋째 공무가 바쁜 중에도 시간을 내어 우정을 나누니 벗들과 더욱 가까워졌습니다."

공멸과 복자천은 같은 일을 하고 있었지만, 전혀 다른 삶을 살고 있었다. 그리고 그 차이는 오직 하나. 긍정하느냐 부정하느냐, 자신과 삶을 바라보는 관점의 차이였다. 설명하자면 복자천은 나를 살리는 공부를 한 인물이라고 할 수 있다. 나를 살리는 공부란 내가 어떤 사람인지를 알고, 나를 긍정하며, 나와 삶을 귀하게 여기는 과정을 뜻한다.

목수가 가구를 만드는 기술이 높아졌다는 것은 거창한 것이 아니다. 기술이 높다는 것은 도구를 잘 쓴다는 의미 정도다. 톱으로

할 수 있는 일이 많아지고, 끌로 더 정밀하게 나무를 깎을 수 있고, 나무의 성질을 알아 견고한 가구를 만든다는 것이다. 결국 공부란 그것의 도리를 아는 것이다. 그것의 도리를 알아 새로운 것을 만드는 것이다. 목수는 공부를 통해 가구를 가구답게 만든다. 우리는 공부를 통해 나를 나답게 만든다. 나를 살리는 공부는 이 세상에서 내가 나로 살아갈 수 있게 하는 마지막 희망이다.

유의할 점은 공부의 삼박자다. 처음에 목수는 많은 기법을 알지 못했다. 그러다 곧 주먹장이나 삼방연귀와 같은 짜맞춤 기법을 배우게 된다. 하지만 기술을 알기만 할 뿐 실행하지 못하면 무용지물에 불과하다. 그것을 어떤 가구를 만들 때 어떤 식으로 적용할지 생각해야 한다. 공자는《논어》에서 말한다.

"배우기만 하고 생각하여 자기 것으로 소화하지 않으면 얻음이 없고, 생각만 하고 보편적인 학문을 배우지 않으면 독단에 빠져 위태로워지기 쉽다."

배우면 알 수 있고, 생각하면 자기 것으로 만들 수 있다. 여기에 한 가지, 실천이 더해져야 한다. 이 삼박자가 맞아떨어질 때 비로소 나를 둘러싼 벽을 쾅쾅 울릴 수 있다.

자신감의
세 가지 기둥
/

공자는 제자들에게 자세하게 설명하는 자상한 스승은 아니었다. '거일반삼(擧一反三)'이라 하여 한 귀퉁이를 들어 알려주었는데도 나머지 세 귀퉁이를 유추하지 못하면 다시 반복하지 않는다고 했다. 공자는 자상하기보다는 엄격한 스승이었다. 특히 스스로 한계를 짓는 제자에게는 더욱 엄격했다. 공자의 제자 중에 염구라는 사람이 있었다. 그는 재능이 뛰어났다. 공자가 정치를 맡겨도 괜찮다고 할 정도였다. 하지만 염구는 공자를 자주 실망시켰다. 하루는 염구가 공자에게 말했다.

"선생님, 저는 선생님의 가르침을 싫어하는 것은 아닙니다. 다만 힘이 부족할 따름입니다."

염구는 자신이 노력하지 않은 것에 대해 변명하고 있었다. 공자는 이렇게 답한다.

"힘이 부족한 사람은 중도에 쓰러지고 만다. 그런데 너는 지금 스스로의 한계를 긋고 있다."

진짜 힘이 부족하면 쓰러질 수밖에 없다. 쓰러지는 것은 포기가 아니다. 자신이 할 수 있는 최선을 다한 것이다. 그렇다면 그것은 하나의 극복이다. 쓰러질 때까지 무언가에 온 힘을 쏟아냈다는 극복이고 도전인 것이다. 그런데 염구는 스스로 쓰러질 수밖에 없다는 한계를 긋고 지레 포기하고자 했다. 공자는 미리 자신의 한계를 그어버리는 염구의 그 나태함을 지적한 것이다.

실제로 공자는 지쳐 쓰러져도 다시 일어나기를 반복한 끝에 시대의 한계를 뛰어넘었다. 나는 어떤 한계를 뛰어넘어야 할까. 노력해도 별로 달라지지 않을 거라는 타성의 한계부터 넘어야 한다. 나는 별 볼 일 없는 사람이라는, 겸손을 가장한 자학의 한계를 넘어야 한다. 일단 내게는 한계가 없다고 생각해야 한다. 지금 벽이 내 앞을 가로막고 있다고 해도 그것은 나의 한계가 아니라 현재의 한계일 뿐이다. 이 한계를 한꺼번에 넘어설 수는 없다. 하지만 조금씩 넘다보면 내 한계는 이전의 한계보다 넓어진다. 한계를 고정하지 말자. 내가 어떤 사람인지, 얼마나 많은 한계를 극복할 수 있고 또 얼마나 큰 성장을 이룰 수 있는 사람인지 스스로 알게 하자.

30여 년간 자존감 분야를 연구해온 저명한 심리학자 너새니얼 브랜든(Nathaniel Branden)은 나를 도울 수 있는 사람은 오직 나 자신뿐이라고 주장한다. 그는 미국에서만 350만 부 이상 팔린 베스트셀러 《나를 믿는다는 것(How to Raise Your Self－Esteem)》을 통해 자신감의 중요성을 강조하는데, 이는 공자가 주장한 자기 긍정과 맞닿아 있다고 할 수 있다. 브랜든의 이야기를 들어보자.

> 자신감이란 무엇인가? 자신감은 '자신의 능력에 대한 생각'과 '자신의 가치에 대한 생각'이라는 두 가지 요소로 이뤄진다. 바로 '자기 신뢰'와 '자기 존중'이 합쳐진 것이다. 자신감은 문제를 이해하고 해결함으로써 삶의 어려움에 대처하는 능력이며, 자신의 욕구와 바람을 만족시켜 행복을 추구하는 의지다.
>
> 당신은 스스로를 믿고 있는가? 자신감이 높다는 것은 스스로 지금의 삶을 받아들인다는 확신이 있음을 의미한다. 말하자면 살아가는 데 있어서 스스로 유능함과 가치를 느끼는 것이다. 반면 자신감이 낮다는 것은 스스로 지금의 삶을 잘 받아들이지 못함을 의미한다. 이것은 이런저런 일들이 잘못되었다는 느낌이 아니라 '인간으로서의 자신이 잘못되었다'는 느낌이다.
>
> – 브랜든, 《나를 믿는다는 것》

브랜든은 "자신감을 키우는 것은 '나에게 살아갈 능력이 있으며 행복할 가치가 있다'는 확신을 기르는 것"이라고 강조하며 자신감이 세 개의 기둥으로 이루어진다고 설명한다.

첫째는 자기 인식이다.

이는 감정과 욕망, 사고와 능력에 대한 인식을 뜻한다. 앞서 던졌던 질문을 통해서도 자기 인식을 할 수 있다. 바로 '나는 누구인가?

진짜 나는 누구인가?'라는 질문이다. 자신을 있는 그대로, 즉 객관적으로 바라보는 것은 나를 찾는 가장 근본적인 단계다.

둘째는 자기 수용이다.

체험을 거부하지 않고, 자신과 반대되는 관계를 맺지 않는 것이다. 이는 다섯 단계로 이루어진다. 자신을 수락하고, 자신의 능력을 받아들이며, 다른 사람들을 수락하고, 또 자신의 상황을 수락하며, 마지막으로 '여기'와 '지금'을 수락하는 것이다.

풀어서 설명하자면, 1단계는 내면의 목소리에 귀기울이는 것이며 2단계는 자신의 강점에 초점을 맞추고 약점을 이해하는 것이다. 3단계는 다른 사람 역시 강점과 약점이 있다는 사실을 인정하고 그들의 긍정적인 면을 찾고자 노력하는 것이며, 4단계는 인생에는 변할 수 없는 것들이 있다는 사실을 받아들이는 것이다. 마지막 5단계는 과거나 미래가 아닌 현재를 살피며 기회를 포착하는 것이다. 이 다섯 단계를 통해 나는 나를 있는 그대로 받아들일 수 있게 된다.

셋째는 자기표현 능력이다.

즉 자기주장을 할 줄 아는 능력을 기르는 것이다. 다른 사람의 생각이나 의견에 휘둘리지 않고 내가 생각하는 바를 오롯이 말할 수 있는 능력을 키우는 것을 뜻한다.

자신감을 가지면 한계를 넘을 수 있다. 쓰러져도 다시 일어설 수 있고, 다시 나아갈 수 있다. 그리하여 나와 삶을 진정 살리게 된다. 내가 살려야 할 단 한 사람이 바로 나이듯, 나를 살릴 수 있는 단 한 사람도 나임을 잊지 말자.

마지막으로 다시 공자의 이야기다.

> 공자가 광성에서 포위되어 말했다.
>
> "문왕이 이미 별세하셨으니, 문이 이 몸에 있지 않겠는가. 하늘이 장차 이 문을 없애려 한다면 뒤에 죽는 사람이 이 문에 참여하지 못할 것이다. 그러나 하늘이 이 문을 없애려 하지 않을 것이니, 광성 사람들이 나를 어떻게 하겠는가."
>
> – 공자, 《논어》

광성 사람들이 공자를 다른 인물로 오해해 공자와 그의 일행이 위기에 빠졌을 때의 일이다. 제자들은 두려움에 떨며 어찌할 바를 몰랐다. 그런데 무슨 일인지 공자만은 여유로웠다. 절체절명의 상황에서 오히려 악기를 연주하고 노래를 부르며 제자들을 위로했다. 그는 자신이 주나라 문왕에게 '문', 즉 문화와 문명을 전수받은 유일한 사람이라고 여겼고, 설사 사람들은 몰라도 하늘만은 자신을 알아줄 것이라고 믿었던 것이다. 실제로 광성 사람들은 공자의 느긋하고 여유로운 태도에 자신들이 사람을 잘못 봤음을 깨닫고, 공자와 일행을 풀어주었다.

이 일화를 두고 공자의 자신감에 대해 말하는 이도 있고, 자의식에 대해 말하는 이도 있다. 결국은 그리 다르지 않은 이야기다. 공자는 스스로에 대한 강한 확신이 있었기에 일촉즉발의 상황에도 흔들리지 않았다. 그 굳건한 자신감이 스스로를 위기에서 구해낸 것이다. 자신을 믿는 사람은 스스로를 살릴 수 있음을 공자는 몸소 증명해내고 있다.

자
유

'그 누구도 아닌 나'로 살아간다는 것

: '나'를 찾은 밀과 '선'으로 나아간 순자 :

아이는 엄청난 천재였다. 영국 런던에서 태어난 아이는 세 살 때 그리스어를 배웠다. 영어 단어 하나를 배우면 그 뜻과 같은 그리스 단어 하나를 익혔고, 곧 그리스어로 된 책을 읽는 경지에 이르렀다. 그 책은 동화처럼 쉬운 것이 아니었다. 아이는 소크라테스의 제자로 알려진 그리스 철학자 크세노폰의《페르시아 원정기》, 키케로가 역사의 아버지라 했던 헤로도토스의《역사》같은 책을 읽었다. 그리고 여덟 살이 되기도 전에 플라톤을 읽었다.

아이가 그저 책만 읽었던 것도 아니다. 아이는 라틴어를 배우며 유클리드와 대수를 배웠다. 동생들에게는 가정교사 역할을 했다. 열 살이 되었을 때 아이는 대학에서 읽는 고전을 이미 독파했다. 여기서 끝이 아니다. 열두 살부터는 스콜라 철학과 아리스토텔레스의 논리학, 애덤 스미스와 리카도의 정치경제학을 공부했다. 그리고 아버지가 쓴《영국령 인도의 역사》라는 책을 교정하기도 했다. 고작 열두 살의 나이에 말이다. 도대체 아이는 어떻게 이런 천재가 될 수 있었을까? 타고난 걸까, 노력의 결과일까?

'자유'라고 불릴 만한 유일한 자유

/

이 믿기 어려운 천재의 이름은 존 스튜어트 밀이다. 그의 뒤에는 당대의 경제학자였던 아버지 제임스 밀이 있었다. 그는 장남인 밀이 자신을 뛰어넘어 길이 인정받는 완벽하고 합리적인 인간이 되기를 바랐다. 그래서 정규 학교에 보내는 대신 본인이 직접 아들을 가르쳤다. 매일 아침 식사 전에 산책에 나선 두 사람은 전날 아들이 읽은 책의 내용을 암기하고, 그 주제의 핵심을 스스로 어느 정도 이해하면 아버지가 구체적으로 설명해주는 식으로 함께 공부했다.

아버지의 강력한 교육법에 따라 밀은 동생을 제외하고는 또래 아이들과 어울리지 못한 채 학문에 정진해야 했다. 그래서일까. 밀은 열네 살 때 프랑스를 여행한 후 그때 보았던 시골 경치를 평생 좋아하게 되었다. 친절하고 자유로운 프랑스 사람들을 만나면서 새로운 무언가를 얻었던 것인지도 모르겠다. 하지만 밀에게는 자유가 허락되지 않았다. 여행에서 돌아온 밀 앞에는 더 많은 것들이 기다리고 있었다. 밀은 다른 모든 것에 우선해 공부를 해야 했다. 덕분에 엄청난 끈기와 집중력을 가진 천재로 누구도 넘볼 수 없는 방대한 지식을 자랑했지만, 안타깝게도 마음과 정신에는 심각한 타격을 입고 말았다.

밀은 스물한 살에 신경쇠약으로 고생했는데, 그의 《자서전》에 따르면 여러 감정들을 억누르고 오로지 공부에만 매달리면서 혀를 내두를 만한 끈기를 발휘해야 했기 때문에 생긴 병이었다. 결국 위기가 찾아왔다. 밀은 공허의 늪에 빠져버렸다. 이제까지 그는 인간으로서 자연스럽게 생겨나는 모든 감정을 억누르고 오로지 이성과 합리만을 추구해왔다. 그것이 그를 병들게 했다.

그러던 어느 날 밀은 우연히 마르몽텔의 《회상》을 읽었다. 그 책에는 아버지의 죽음에 대한 이야기가 있었다. 힘들고 어려운 상황에 대한 기술도 있었다. 저자는 그 속에서 자신이 어떻게 영감을 받았는지 말하고 있었다. 여기에서 밀은 새로운 감성을 맛보았다. 생명이 없는 돌이나 벽돌과 같다고 생각했던 자신이 흘리는 눈물을 보면서, 밀은 죽은 줄 알았던 감정과 정서가 살아 있음을 깨달았다.

밀은 시나 예술 등의 중요성을 인식하기 시작했다. 시를 읽는다는 것이 뭐 그렇게 대단한 일이냐고 반문할 수도 있다. 하지만 밀에게는 달랐다. 그전까지 밀은 철저한 벤담주의자였다. 벤담은 정치와 제도는 물론 도덕과 종교마저도 '최대 다수의 최대 행복'에 기여하느냐에 따라 정당성이 부여된다고 주장했다. 벤담의 공리주의에는 개인이 빠져 있었다. 하지만 정서는 개인이 느끼는 것이다. 밀이 시를 읽고 감동을 받았다는 것은 자신의 정서를 깨달았다는 것이고, 이는 곧 개인에 대한 생각을 바꾸는 계기가 되었다. 벤담에게 인간은 쾌락만 추구하고 고통은 피하려는 이기적인 존재였다. 하지만 밀은 인간을 자신이 추구하는 것에 따라 자신을 결정할 수 있는 존재로 보았다.

밀은 이제 굴레를 벗어나게 되었다. 그리고 지금까지와 다른 눈으로 세상을 보았다. 그렇게 보게 된 자유주의, 사유재산, 역사, 존재 등은 이전과는 전혀 다른 것이었다. 근대 자유주의와 민주주의를 정립한 밀의 《자유론》은 달라진 그가 지금까지와 다른 눈으로 바라본 세상의 결과물이었다. 밀의 사상적 발전과 활동의 결과가 집약된 《자유론》은 오늘날에도 가장 큰 영향력을 미치고 있는 그의 대표작이다. 하지만 역사적·사상적 의미보다 더 중요한 것은 《자유론》이 밀이 극복해낸 스스로의 삶에 대한 증명이라는 사실이다.

밀은 세 가지 자유를 이야기한다. 첫 번째 자유는 사상의 자유다. 사상의 자유는 의식의 내면이며 생각의 자유다. 두 번째는 자신의 생활을 추구할 자유다. 생활 계획을 세우고 일을 하고 취미를 가지는 것과 같은 자유다. 마지막 세 번째는 개인과 개인이 만나고 연대할 자유다. 우리가 함께할 자유인 것이다. 밀은 《자유론》에서 이렇게 말한다.

> '자유'라고 불릴 만한 유일한 자유는 우리가 다른 사람들의 자유를 빼앗지 않는 한, 또는 자유를 얻으려는 다른 사람들의 노력을 방해하

지 않는 한, 우리 자신이 좋아하는 방식으로 우리 자신의 행복을 추구하는 자유다.

– 밀, 《자유론》

과거 밀에게 감정과 느낌이란 증명할 수 없는 부정확하고 불확실한 것, 그러므로 떨쳐내야 할 존재였다. 그래서 그는 감정을 거세한 채 살았다. 하지만 그를 다시 일으켜준 것, 그를 좌절과 절망으로부터 구원해준 것은 아이러니하게도 바로 그 감정이었다. 밀에게 감정은 자각하지 못했던, 애써 외면했던 진짜 자기 자신이었다. 즉 이전까지의 공부가 밀을 우울의 늪에 빠트렸던 이유는 그것이 자신을 위한 일이 아니었기 때문이다. 아버지를 위한 공부였고, 공부를 위한 공부였기 때문이다. 하지만 밀이 자신의 감정을 깨닫고 진짜 자신을 마주하기 시작한 순간 그에게 공부는 짐이 아닌 힘이 되어주었다. 그가 자신을 위한 공부를 시작하자 공부는 그의 삶에 진정한 자유를 안겨주었다. 비로소 밀은 '그 누구도 아닌 나'로 살 수 있게 된 것이다.

허수아비는 왜
다시 옥수수밭으로 돌아왔을까
/

허수아비는 늘 옥수수밭 한가운데에 서 있었다. 허수아비는 그것이 싫었다.

"늘 이렇게 한자리에 서 있는 건 정말 지겹고 힘들어. 난 자유로워지고 싶어."

허수아비는 자신의 자리를 떠나 자유를 찾기로 결심했다. 길거리로 나간 허수아비는 암소를 만난다. 같이 산책을 하고 싶었지만 암소는 아기와 주인에게 우유를 주어야 한다며 거절한다. 이번에 허수아비는 작은 배를 탔다. 물고기를 만나 같이 배를 타자고 했지만 물고기 또한 물속을 벗어날 수 없다며 거절한다. 그래도 허수아비는 좋았다. 자유가 있었기 때문이다. 먹구름의 그림자도 살랑살랑 날아다니는 나비도, 모든 것이 좋았다. 자유로워진 허수아비는 낮잠도 마음껏 즐겼다. 그러던 어느 날, 허수아비는 황금빛으로 물든 세상을 봤다. 마치 자신이 서 있던 옥수수밭 같았다. 갑자기 그리움이 몰려들었고 허수아비는 옥수수밭으로 돌아갔다. 그런데 허수아비가 자리를 비운 사이 밭은 엉망이 돼 있었다. 허수아비는 슬펐다. 그래서 다시 밭에 남기로 했다.

인도의 수다사투어 바수(Suddhasattwa Basu)가 쓰고 그린 책《허수아비의 노래(The Song of A Scarecrow)》의 줄거리다. 똑같이 옥수수밭에 서 있었지만, 과거의 허수아비는 불행했다. 하지만 자유를 누린 뒤 스스로 그 자리에 남았을 때 허수아비는 행복해졌다. 사실 상황은 그대로였다. 옥수수밭은 여전히 지루했고, 거기에 서 있는 일은 지겹고 힘들었다. 하지만 딱 한 가지가 달랐다. 과거의 허수아비가 밭에 '서 있어야' 했다면, 지금의 허수아비는 밭에 '서 있기로' 했다는 점이다. 즉 지금 옥수수밭에 서 있는 것은 허수아비의 의지이고 선택이었다. 그 차이 하나가 허수아비의 불행을 행복으로 바꿔놓았다.

나는 어떤가? 바로 지금, 이 삶은 나 스스로의 결정인가? 내가 하고픈 일을, 내가 선택해서 하고 있는가? 주위의 시선과 사회의 기대에 끌려다니는 삶이 아니라 내가 살고자 하는 삶을, 그 누구도 아닌 나를 위해 살고 있는가? 똑같은 사람이 똑같은 일을 해도 그 의미가 같지 않을 때가 있다. 자유를 잃고 강요되어 스스로의 의지가 결여될 때 그것은 내 것이 아니다. 내가 하고 있지만 타인의 삶을 살고 있을 뿐이다. 문제는 중심이다. 누구의 결정이고 누가 행하며 누구를 위한 것인지에 대한 자각이 빠지면, 모든 일은 깃털처럼 가볍게 흩날리고 말 것이다. 그러니 결심을 해도 결심이 아니고 작심은 삼일로 끝난다.

'작심삼일(作心三日)', 흔히 이 말을 끈기가 부족한 사람을 비꼴 때 사용한다. 하지만 원래 작심삼일의 뜻은 그렇지 않다. 작심삼일은 삼일 동안이나 길게 생각하고 마음을 단단하게 한다는 뜻이다. 그렇게 단단한 마음을 유지하려면 스스로가 그 마음의 주인이 되어야 한다. 밀을 생각해보자. 그가 스스로의 감정을 들여다보고 인정한 순간, 자기 마음의 주인으로 우뚝 선 순간, 그는 비로소 우울의 늪에서 벗어나 자유로워졌다. 우리 역시 스스로에게 주문해야 한다. 두렵고 어렵더라도 자기 자신을 들여다보기를, 그리하여 진정 자기 마음의 주인이 되기를 말이다.

'성공학의 대가'라 불리는 나폴레온 힐은 1908년부터 1928년까지 무려 20년에 걸쳐서, 성공한 기업가 507명을 직접 인터뷰하고 조사하여 성공의 원리를 정리했다. 그가 말하는 성공의 원리 가운데 하나도 자기 마음의 주인이 되라는 것이다.

> 비록 몸은 자신만의 룰이나 세상의 틀에 얽매여 있어도 마음만은 자유로워야 한다. 여러 생각과 행동을 실천하기 위해서는 마음이 개방적이어야 하기 때문이다. 개방적이고 자유로운 마음은 타고나는 것이 아니다. 자신의 마음을 다스림으로써 얻는 것이다.
>
> – 힐, 《나폴레온 힐의 성공을 위한 365일 명상》

마음을 다스린다는 것은 무엇일까. 힐은 저서 《놓치고 싶지 않은 나의 꿈 나의 인생(Napoleon Hill's Keys to Positive Thinking)》에서 "마음을 다스리는 가장 좋은 방법은 당신이 원하는 일에 정신을 집중하고, 원하지 않는 일에서 마음을 거두는 것"이라고 설명한다.

죽을 때
가장 후회하는 다섯 가지
/

호주의 평범한 은행원이었던 브로니 웨어(Bronnie Ware)는 어느 날 자신의 삶에 회의를 느끼고 북쪽에 있는 섬에 들어갔다. 2년을 섬에서 살던 그녀는 이번엔 영국으로 날아갔다. 영국에서 혼자 사는 노인을 간병하던 브로니 웨어는 다시 호주에 돌아와 말기 암 환자를 돌보는 일을 했다. 그리고 사람들이 죽기 전에 가장 후회하는 일이 무엇인지를 담은 책을 펴냈다. 제목은《내가 원하는 삶을 살았더라면(The Top Five Regrets of the Dying)》이다.

임종을 앞둔 사람들은 무엇을 가장 후회했을까. 첫째는 '다른 사람이 아닌 내가 원하는 삶을 살았더라면'이었다. 그다음은 '내가 그렇게 열심히 일하지 않았더라면', '내 감정을 표현할 용기가 있었더라면', '친구들과 계속 연락하고 지냈더라면', '나 자신에게 더 많은 행복을 허락했더라면'이었다. 죽기 전 사람들이 하는 후회는 모두

나 자신과 연관되어 있었다. 사람들은 다른 누구도 아닌 나 자신으로 살지 못한 것을 후회했다.

누구를 위해서 내가 아닌 다른 사람으로 살아야 하는가? 누구를 위해서 내가 아닌 다른 사람에게 보여주기 위한 삶을 살아야 하는가? 누구를 위해서 내가 원하지 않는 삶을 살아야 하는가? 그래야 하는 이유는 없다. 삶에 후회를 남기지 않으려면, 다른 사람의 시선이나 기분에 휘둘리지 말고 진정 자유롭게 '그 누구도 아닌 나'로 살아야 한다. '그 누구도 아닌 나'로 살라는 것은 자신이 원하는 일과 자기 자신에 집중하고, 원하지 않는 것과 자기 자신이 아닌 것에서는 마음을 거두라는 것이다. 이를 위해서는 먼저 내가 누구인지, 나의 본질을 알아야 한다.

악(惡)을 알면 선(善)해질 수 있다

/

중국 전국시대의 사상가였던 순자는 사람의 본질은 '악(惡)'이라고 말한다. 순자 하면 가장 먼저 떠오르는 단어, '성악설(性惡說)'이다.

> 인간의 본성은 원래 악한 것이니 선이란 인위적으로 된 것이다. 인간

은 나면서부터 이익을 추구하기 마련이므로 그대로 내버려두면 서로 싸우고 빼앗아서 양보란 있을 수 없을 것이요, 또 나면서부터 남을 미워하고 시기하기 마련이므로 그대로 내버려두면 남을 해치고 상하게 할 줄만 알 뿐, 신의나 성실성은 없을 것이다.

– 순자, 《순자》

순자는 사람이 선하지 않은 존재임을 명시한다. 사람이 스스로 선하지 않음을 알았을 때, 선해지고자 노력할 수 있기 때문이다. 그는 사람이 선하지 않을지는 모르지만 바뀔 수 있는 희망이 있고, 선함을 알게 되면 그것으로 나아가려는 의지가 있다고 주장한다. 여기에서 오해하지 말아야 할 것이 있다. 선해진다는 것은 단순히 성품이 착해진다는 의미가 아니다. 선해진다는 것은 사람이 사람으로 살아갈 수 있게 된다는 뜻이다. 가치관과 생활과 관계를 모두 아우른 삶의 선함이 노력을 통해 얻어질 수 있다고 순자는 이야기한다.

군자는 말한다. 배움을 멈춰서는 안 된다. 푸른색은 남빛 쪽에서 나왔지만 남빛보다 푸르고 얼음은 물이 언 것이지만 물보다 차갑다. 곧은 나무에 먹줄을 댈 수 있지만 그것을 불에 쬐고 구부려서 수레바퀴를 만들면 굽어 자로 잴 수 없고, 그것을 볕에 말려도 전과 같이 곧아지지는 않는 것은 구부려 만들었기 때문이다. 나무가 먹줄의 도움을 받

> 아 곧아지고 쇠붙이가 숫돌을 통해 날카로움을 갖는 것처럼 군자가 날로 지식을 넓히고 반성하면 지혜가 밝아지고 행동에 그릇됨이 없을 것이다.
>
> – 순자, 《순자》

보라. 물은 얼어 무엇보다 차가운 얼음이 된다. 게다가 곧은 나무도 그것을 변형하고 가공하면 둥근 수레바퀴가 된다. '마부작침(磨斧作針)'이란 말이 있다. 도끼를 갈아서 바늘을 만든다는 뜻이다. 그 단단하고 뭉툭한 쇠도 숫돌에 갈고 갈면 작고 날카로운 바늘이 된다. 남빛 쪽에서 푸른색을 만드는 과정, 물을 얼음으로 만드는 온도, 곧은 나무를 수레바퀴로 만드는 불과 구부림, 쇠붙이를 날카롭게 만드는 숫돌, 그게 바로 나를 무한히 다른 존재로 만들어주는 힘이고 기술이다.

> 그러면 거리를 지나는 사람도 모두 우임금처럼 될 수 있다는 것은 무슨 말인가? 말하자면 우가 임금이 된 까닭은 인의와 올바른 규범을 실천했기 때문이다. 그렇다면 인의와 올바른 규범은 누구나 알 수 있고 또 할 수 있는 도리다. 따라서 모든 사람이 인의와 규범을 알 수 있는 소질과 실천할 수 있는 재능을 가졌으니 누구든 우임금처럼 될 수 있음은 분명하다. (…) 이제 그들로 하여금 도의를 바탕으로 학문에

> 전심전력하고 사색하고 숙고하며 오래도록 선을 쌓아 쉬지 않게 한다면, 신명에 통하고 천지와 함께할 수 있을 것이다. 그렇기 때문에 성인이란 학습을 거듭 쌓은 결과인 것이다.
>
> – 순자, 《순자》

우임금은 중국 최초의 국가로 알려진 하나라의 시조다. 또한 유가에서 성인으로 떠받드는 인물이다. 순자는 학습이 거듭 쌓이면 거리를 지나는 사람도 우임금과 같은 성인이 될 수 있다고 말한다. 그리고 우리가 우임금과 같은 존재가 되기 위해서는 인의와 규범을 실천해야 한다고 말한다. 여기엔 또 하나 중요한 내용이 담겨 있다. 바로 모든 사람이 인의와 규범을 알고 실천할 수 있는 재능을 가지고 있다는 것이다. 그렇다면 다른 어느 누구도 아닌 내게 그 희망이 있는 것이다. 그러므로 순자가 강조하는 것은 다름 아닌 '끝없는 긍정'이다.

사실 우리는 어떤 일을 시작할 때 긍정보다 부정을 먼저 한다. 내가 할 수 있다고 생각하기보다는 해야 하는 이유는 알지만 잘할 수 없다고 생각한다. 이것은 내 본성이 악하니까 그냥 그렇게 살겠다는 것과 크게 다르지 않다. 변하고 싶어 하면서 왜 변할 수 없다고 미리 단정을 짓는가. 결국 '그런 생각'이 '그런 결과'를 만든다. 뉴딜 정책의 이론적 토대를 제공했던 영국 경제학자 케인스는 "변화에서 가장 힘든 것은 새로운 것을 생각해내는 것이 아니라 이전에 갖고 있던 틀에서 벗어나는 것이다"라고 했다.

나를 믿고 내가 할 수 있는 것을 하면 된다. 내가 할 수 있다고 믿으며 하는 일과 할 수 없다고 의심하며 하는 일은 하늘과 땅만큼이나 큰 차이를 낳는다.

더디더라도 중단하지 않는다는 것 /

순자의 사상이 집약되어 있는 책이 《순자》다. 《순자》는 다른 어떤 책보다 논리적이고 체계적이다. 유가의 경전은 대화체로 구성되어 있는 경우가 많다. 공자의 《논어》가 그렇고 맹자의 《맹자》도 그렇다. 하지만 순자는 자신의 사상을 차분히 그리고 논리적으로 끌어간다. 그 내용도 정연하다.

《순자》는 정치, 국가, 군사, 음악, 학문, 신학, 논리 등 대부분의 학문을 담고 있다. 이런 책이 탄생할 수 있었던 것은 순자가 당시의 사상을 섭렵하고 소화했기 때문이다. 순자가 살았던 시대는 전국시대다. 하지만 또 다른 이름으로 불리기도 한다. 바로 '제자백가(諸子百家)'의 시대다. '제자'란 수많은 학자를 일컫고 '백가'는 수많은 학파를 이른다. 당시는 수많은 학자들과 학파들이 자신들의 사상을 펼쳤다. 이는 어지러운 혼란의 시대, 전쟁과 살육의 시대를 타개하기 위함이었으며 인간의 길을 찾고자 하는 노력이었다.

이때 유명했던 학파라고 한다면 공자와 맹자의 유가, 노자와 장자의 도가, 묵자의 묵가, 도덕가와 음양가, 법가 등이 있다. 특히 법가를 이끈 한비자와 이사는 순자의 제자다. 순자는 이 다양한 학파의 실천상의 장단점을 파악했고 서술했다. 또한 당대 사상가의 사상을 요약하고 비판하기도 했다. 순자의 사상은 그냥 나온 것이 아니라 비교와 분석 그리고 비판을 통해 나온 것이다. 이를 통해 그가 내린 결론은 긍정이며 희망이다. 마지막으로 순자의 말을 한 번 더 들어보자. 희망이 없다고 생각하는 사람이 희망을 가지게 되고, 안 된다고 생각하는 사람이 될 수 있다는 의지를 품게 되는 마법의 주문과 같은 말이다.

> 흙이 쌓여 산이 이루어지면 비바람이 일게 되고 물이 모여 못을 이루면 교룡이 생기듯이, 선이 쌓이면 덕이 이루어져 마음의 예지는 스스로 터득되고 성스러운 마음이 갖추어지는 것이다. 왜냐하면 반걸음이라도 발을 떼지 않고서는 천릿길을 가 닿을 수 없고 작은 여울이 모이지 않고서는 강이나 바다를 이룰 수 없기 때문이다. 잘 달리는 말도 한 번 뛰어 열 걸음을 갈 수 없지만, 비록 둔한 말이라도 열 걸음을

> 떼어 수레를 끌고 가면 날랜 말을 따라갈 수 있으니, 성공이란 중단하지 않는 데 달렸다고 하겠다.
>
> – 순자, 《순자》

순자는 말하는 것이다. 중단만 하지 않는다면, 다소 느리고 더디더라도 성공할 수 있다고 말이다. 내가 설사 둔한 말이더라도 열 걸음을 가면 날랜 말을 따라갈 수 있다고 말이다. 이것이 순자가 전하는 긍정과 희망의 메시지다.

내가 나로 살기 위한 세 가지 키워드

/

지금껏 우리는 동서양의 철학자들에게서 구한 '질문', '발견', '자유'라는 키워드를 토대로 내가 나로 산다는 것이 무엇인지, 내가 나로 살기 위해서는 어떻게 해야 하는지 살펴봤다.

정리하자면 이렇다. 내가 나로 산다는 것은 '질문'을 통해 내가 처한 상황과 현실을 똑바로 파악하고, 진짜 나를 '발견'함으로써 나와 내 삶을 긍정하며, 마지막으로 스스로에게 '그 누구도 아닌 나'로 살아갈 '자유'를 선사하는 것이다. 주변에서 내 눈을 가린 채 아무리 마음대로 휘두르려고 해도 올곧게 나를 지키며, 설사 가진 것이 아무것도 없더라도 희망과 긍정으로 벽을 두드려 나를 살려내며, 내 마음의 주인이 되어 진정 자유롭게 살고자 정진해야 한다. 순자가 말했듯 더디더라도 중단하지 않는다면 가능한 일이다.

재주가 남만 못하다고 스스로 한계를 짓지 말라.
나보다 어리석고 둔한 사람도 없겠지만 결국에는 이룸이 있었다.
모든 것은 힘쓰는 데 달렸을 따름이다.

— 김득신 묘비명 —

PART 2

'단단한 나'를 만드는 힘

통찰

흔들림도 휘둘림도 없이, '멍청한 똑똑이'로 살지 않는 법

: 한비자와 플라톤의 '나를 다스리는 기술' :

똑똑한 사람들은 똑똑한 선택을 할까? 아마 별다른 의심 없이 '그렇다'고 생각하는 사람들이 많을 것이다. 똑똑하다면 당연히 명석한 두뇌를 바탕으로 현명하게 선택할 것이라는 판단에서다. 그런데 의외로 자신을 똑똑하다고 여기는 사람이 사기를 당하는 경우가 많다. 똑똑한 자신이 한 선택은 틀리지 않을 거라고 믿기 때문이다. 행동경제학의 선구자이자 《넛지(Nudge)》의 저자로 잘 알려진 리처드 탈러(Richard Thaler)는 저서 《똑똑한 사람들의 멍청한 선택(Misbehaving)》에서 이와 관련된 에피소드를 이야기한다.

빈스라는 사람이 있었다. 그는 테니스 클럽에 가입했는데 회비가 1천 달러에 달했다. 비싼 값을 치른 만큼 열심히 운동했는데, 두 달이 지나자 팔꿈치가 아파왔다. 테니스엘보에 걸리고 만 것이다. 안타깝게도 이제 테니스를 치는 일은 운동이 아니라 고통이 되었다. 그래도 빈스는 계속 클럽에 나갔다. 회비가 아까웠기 때문이다. 하지만 석 달이 지나자 더이상 아픔을 참을 수 없을 지경에 이르렀고, 결국 테니스를 그만두게 되었다.

마야에게도 비슷한 일이 일어났다. 어느 날 마야는 매장에서 더블침대용 커버를 찾고 있었다. 마침 마음에 드는 커버 하나가 눈에 들어왔다. 게다가 그 커버는 세일 중이었다. 정상가로 하면 킹 사이즈가 300달러이고, 퀸 사이즈는 250달러, 더블 사이즈는 200달러였는데, 세일 기간 중에는 모두 150달러에 판다고 했다. 잠시 고민하던 마야는 할인폭이 가장 큰 킹 사이즈 커버를 구매했다. 필요한 것은 더블 사이즈였는데 말이다.

빈스와 마야의 선택은 참 어리석게 느껴진다. '이구, 미련한 사람 같으니라고' 하며 혀를 쯧쯧 차는 사람도 있을 것이다. 하지만 우리도 그들과 별반 다르지 않다. 저렴하게 판다는 이유로 식자재를 대량 구매했다가 결국 썩혀서 버린 일이 한 번쯤은 있을 것이다. 그램당 가격이 얼마인지 계산해보지도 않고, 무조건 큰 용기에 담긴 것이 싸다고 생각해서 구입한 적도 있을 것이다. 왜 우리는 이렇게 멍청한 선택을 하게 되는 걸까.

중국의 《열자》에는 이런 일화가 전해진다. 제나라 사람 중에 금을 무척이나 갖고 싶어 하는 사람이 있었다. 이 사람은 어느 날 아침 일찍부터 의관을 갖추고 금을 파는 곳에 갔다. 그곳에 가니 어떤 사람이 손에 금을 들고 있었다. 이 사람은 그것을 보자 금을 낚아챘고, 그 자리에서 포박되었다. 어처구니가 없었는지 관리가 왜 그런 일을 했느냐고 물었다. 그러자 그 사람의 대답이 가관이었다.

"금을 낚아챌 때, 사람은 보이지 않고 금만 보였습니다."

여기에서 '확금자불견인(攫金者不見人)'이라는 말이 나온다. 돈을 움키는 사람은 사람을 보지 못한다는 뜻이다. 비슷한 말로 '축록자불견산(逐鹿者不見山)'이라는 말도 있다. 사슴과 같은 짐승을 좇는 자는 산을 보지 못한다는 뜻이다. 여기에 덧붙여지는 말은 '기욕재외 즉명소폐의(嗜欲在外 則明所蔽矣)'로, 밖으로 쾌락과 욕망을 좇으면 명철함이 가려진다는 의미다. 즉 우리는 하나만 보고 다른 나머지를 보지 못할 때 멍청한 선택을 하게 되는 것이다. '멍청한 똑똑이'로 살지 않으려면 나무뿐 아니라 숲도 볼 수 있어야 한다. 나뿐 아니라 다른 사람을, 그리고 세상을 읽을 수 있는 눈이 필요한 이유다.

사람의 마음을 읽는 기술 /

춘추시대 위나라 영공에게는 시중을 드는 여러 미동(美童), 즉 미소년들이 있었다. 그중 단연 총애를 받는 미동은 미자하였다. 미자하는 영공의 총애를 등에 업고 위나라 정치를 좌지우지했다. 신하들의 간언마저 미자하에게 가로막혀 영공에게는 전해지지 않았다. 그러던 중 하루는 영공이 난쟁이를 만나게 되었는데, 이렇게 말하는 것이었다.

"저의 꿈은 영험함이 있습니다."

왕은 그것이 무슨 말인지를 물었다.

"꿈에 아궁이를 보았는데, 이렇게 공을 만나게 되었지 뭡니까?"

이 말을 들은 영공이 노하여 말했다.

"옛말에 왕을 만나는 자는 태양을 본다고 하였다. 너는 어찌 아궁이를 보고 나를 만나러 왔는가?"

이에 난쟁이가 대답했다.

"무릇 태양은 천하를 비추기에 하나의 사물로는 가릴 수 없습니다. 왕은 한 나라를 비추므로 한 사람으로 가릴 수 없습니다. 그래서 왕을 만나기 위해서는 태양을 보아야 한다고 말합니다. 그러나 부엌의 아궁이는 한 사람이 불을 지피고 있으면 뒷사람이 그 불빛을 볼 수 없습니다. 지금 어떤 사람이 왕의 앞에서 불을 지피고 있습니까? 그러니 신이 아궁이를 본 것이 옳은 것이지요."

이 이야기는《한비자》에 등장하는 일화다. 한 나라가 망할 때마다 반드시 등장하는 존재가 간신이다. 간신은 왕의 눈과 귀를 가리고 왕의 입이 되어 나라를 좌지우지한다. 커다란 나라가 끝장나는 것도 시간문제다. 그야말로 똑똑한 사람이 비극적으로 멍청한 선택을 해서 생기는 참사다. 요즘이라고 다르다고 말할 수 없다. 커다란 조직도 고작 한 사람으로 인해 무너질 수 있다. 돈독했던 친구들의 관계도 누군가 한 명에 의해 망가질 수 있다. 그렇다면 나라를 끝장내고 조직을 무너뜨리며 관계를 망가뜨리는 간사한 사람을 어떻게 구별할 것인가. 그들로부터 나를 지켜낼 방법은 무엇인가. 한비자는 우리에게 간사한 자를 식별해내는 다섯 가지 기술을 알려준다.

비단 간사한 사람을 알아내는 것뿐 아니라 사람의 마음을 정확히 읽어내는 데도 특별한 통찰을 제공하는 방법이다.

첫 번째는 관청법(觀聽法)이다.

말 그대로 보고 듣는다는 것이다. 단편적인 한 가지 사실에만 근거하지 않고 모든 정보를 고려해 종합적인 판단을 내리라는 의미다. 사람은 자신이 보고 싶은 것을 보고, 듣고 싶은 것을 들으면서 객관적이라는 착각에 쉽게 빠진다. 내 눈과 귀가 오류를 범할 수 있음을 인정해야 한다. 그리고 한 사람이 전해준 것만 보고 듣는 것이 아니라, 넓게 듣고 냉철하게 판단해야 한다.

두 번째는 일청법(一聽法)이다.

이는 일일이 들어본다는 것이다. 능력도 없이 자리만 차지하고 있는 사람을 구별하는 방법이라고 할 수 있다. 이와 관련해 한 가지 일화가 전해진다. 피리 합주를 즐기는 왕이 있었는데, 어느 날 명인을 자처하는 사람이 찾아왔다. 명인을 자처하니 그 사람은 합주단에 들어가게 되었다. 그 후 합주를 좋아하던 왕이 죽고 독주를 좋아하는 왕이 등극했다. 왕은 합주단에게 독주를 시켰다. 독주 자리에 명인이라고 자처하던 그는 사라지고 없었다. 실력이 들통나 벌받을 것이 두려웠던 것이다. 아마 후대의 왕이 한 사람 한 사람의 피리 연주를 들어보려고 하지 않았다면 자칭 피리 명인의 사기는 들키지 않았을지도 모른다. 이를 통해 한비자는 개인의 의견을 하나하나 듣지 않는다면, 여러 사람들 틈에 섞여 있는 개인의 능력을 제대로 알아낼 수 없다고 조언한다.

세 번째는 협지법(挾智法)이다.

협지법은 알면서도 모르는 척해서 상대를 시험하는 방법이다. 내가 알고 있다는 사실을 간파하면 상대는 그에 상응하는 전략을 세우기 마련이다. 하지만 내가 잘 모른다고 생각하면 경계를 풀고 본심을 드러낸다. 어려운 용어를 사용하면서 자신만 믿으라는 식이다. 그런 사람에게 당하지 않으려면 짐짓 모르는 척을 함으로써 상대의 참모습을 파악해야 한다.

네 번째는 도언법(倒言法)이다.

말을 뒤집는 방법인데, 사리에 맞지 않는 말로 사람을 시험한다는 뜻이다. 중국의 진나라는 춘추전국시대를 종식시키고 중국을 통일했다. 진시황이 죽고 환관인 조고가 전횡을 펼쳤다. 조고는 자신의 편이 누군가를 시험하기 위해 왕에게 사슴을 보이며 말이라고 했다. 조고가 무서웠거나 그에게 아첨하고 싶었던 사람은 사슴을 말이라고 했고, 그렇지 않은 사람은 그건 말이 아니라 사슴이라고 했다. 여기에서 '지록위마(指鹿爲馬)'라는 말이 나온다. 이처럼 도언법은 사리에 맞지 않는 말을 할 때 보이는 반응으로 상대를 판단하는 방법이다.

다섯 번째는 반찰법(反察法)이다.

어떤 일에는 그렇게 된 이유가 있다. 하나의 사건을 평면적으로 바라보면 잘못된 판단을 할 가능성이 커진다. 그 일을 둘러싼 다양한 상황을 파악할 때, 정확한 원인을 알 수 있고 옳은 판단을 내릴 수 있다. 반찰법은 상반된 입장에서 동기를 찾으라고 한다. 즉 하나의 사건에서 피해를 본 자와 이득을 취한 자를 모두 살피고, 그 상반된 입장의 동기를 파악하라는 것이다.

한비자가 이처럼 간사한 사람을 가려내는 방법을 전하는 이유는, 간사함이 삶에 어떤 도움도 되지 않는다고 생각하기 때문이다. 그의 이야기를 들어보자.

> 야비하고 교묘하게 남을 속이는 것보다는 차라리 비굴하더라도 성실한 편이 훨씬 낫다. 아무리 훌륭한 거짓말도 보잘것없는 진실만 못하다.
>
> — 한비자, 《한비자》

내가 아무리 똑똑하게 판단하려고 해도 감언이설로 접근하는 사람을 가려내지 못하면 엉망진창이 된다. 내가 아무리 선하게 살고자 해도 악한 마음을 먹고 접근하는 사람에게 당하면 삶은 지옥이 된다. 그래서 한비자는 우리에게 냉혹한 현실을 직시하라고 가르친다. 순수하지 않은 세상에서 멍청하게 당하지 않고 강한 자신을 만드는 방법이 무엇인지를 알려준다.

내가 나에게
속지 않으려면
/

한 가지 놓치지 말아야 할 사실은 바깥세상이 아닌 스스로에게마저 속을 때가 있다는 것이다. 우리는 직접 보지 않은 것은 믿으려 하지 않는다. 하지만 보이는 것이 모두 진실은 아니다. 눈은 착시를 일으킨다. 그럼 보아도 본 것이 아니다. 일례로 아래 그림을 보자.

〈그림 가〉

〈그림 나〉

〈그림 가〉를 보면 A가 B보다 어둡게 보인다. 하지만 〈그림 나〉에서 드러나듯 A와 B의 밝기는 같다. 그림이 잘못된 것 같은가? 아무리 눈을 비비고 다시 봐도 역시 A가 B보다 어두운가? 그것이 바로 착시다. 뇌과학자들은 이것이 뇌의 장난이라고 설명한다. '그림자 안에 있는 물체는 원래 밝기보다 어둡게 보인다'는 사실을 알고 있는 뇌는 눈의 망막이 전하는 정보를 무시하고, 자신이 판단한 대로 우리에게 보여준다는 것이다. 듣는 것도 마찬가지다. 우리는 귀에 들리는 모든 것을 듣지는 않는다. 때로는 듣고 싶은 것만을 듣고, 듣지 않은 것도 들었다고 믿는다. 만지고 맛볼 때도 그렇다. 하지만 코를 막고 음식을 먹으면 맛을 알 수 없다. 눈을 가린 채 코를 막고 콜라와 사이다를 마시면 둘을 구분하기 힘들다. 이처럼 한 가지 감각만을 맹신할 때 나는 스스로에게 속게 된다.

불교의 《장아함경(長阿含經)》 중 〈세기경(世紀經)〉에는 장님과 코끼리의 이야기가 나온다. 부처의 법문을 듣고 한 사람이 "불법은 이런 것이다"라고 단언을 했다. 그러자 다른 사람이 "불법은 그런 것이 아니고 이런 것이다"라고 이야기했다. 그 말을 들은 부처가 장님과 코끼리의 이야기를 들려주었다.

옛날 어느 왕이 장님들에게 코끼리를 만지게 한 후 코끼리가 어떻게 생겼는지 물었다. 그러자 코를 만진 장님은 코끼리가 굽은 멍에와 같다고 했고 상아를 만진 장님은 코끼리는 절굿공이와 같다고 했다. 배를 만진 사람은 솥, 다리를 만진 사람은 나무, 꼬리를 만진 사람은 밧줄이라고 했다. 장님들은 모두 코끼리를 만졌지만 누구 하나 코끼리의 모습을 맞히지 못했다.

우리는 흔히 감각에 포착된 것을 맹신한다. 하지만 감각이 항상 나에게 진실을 이야기하는 것은 아니다. 내가 나에게 속지 않으려면 모든 감각과 내 마음의 상태를 종합적으로 판단하는 능력을 길러야 한다.

'타조효과', 싸울 것인가 도망갈 것인가

/

2010년 대한민국의 교수들은 올해의 한자로 '장두노미(藏頭露尾)'를 선정했다. 머리만 감추고 꼬리를 드러낸다는 뜻이다. 그때는 4대강 사업이 진행될 때였다. 민간인 불법 사찰의 의혹이, 한·미 FTA 졸속 협상이, 새해 예산안 날치기가 벌어질 때였다. 하지만 정부는 국민들을 설득하고 의혹을 해소하려는 노력을 보이지 않았다. 마치 머리만 감추면 된다는 듯 안일하게 대응했다. 하지만 이미 그 꼬리는 드러나 있었다. 능력 없는 정권은 문제를 숨기고자 했지만 국민이 이를 더이상 숨길 수 없게 했다. 촛불혁명을 통해 우리는 숨기는 자가 숨기고자 하는 것을 볼 수 있는 눈을 갖게 되었다. 그래도 방심은 금물이다. 승리감에 취해 그 눈을 감아버린다면 다시 촛불 이전으로 돌아가게 될지도 모른다. '멍청한 똑똑이'로 전락하게 될지도 모른다. 감춰진 머리만 보고 속는 일을 피하려면, 반드시 필요한 것이 있다.

적이 나타나면 꿩은 숨는다. 공포가 밀려오는 상황에서 작은 풀숲에 머리를 들이민다. 그럼 아무것도 보이지 않는다. 보이지 않고 들리지 않는 상황에서 꿩은 안심할지 모른다. 곧 잡아먹히게 될 운명조차 예감하지 못한 채 말이다. 서양에서는 꿩 대신 타조를 이야기한다. '타조효과(Ostrich Effect)'라는 것이 있다. 적이 나타나면 타조가 모래에 머리를 파묻기 때문에 생긴 말이다. 경영학에서 이 말은 위기를 경고하는 변수에 눈을 감아버리는 것을 이르기도 한다. 그러나 이 말은 잘못되었다. 타조는 위기에 눈감고자 머리를 파묻는 것이 아니다. 타조는 미세한 진동까지 느낄 수 있는 감각을 가지고 있다. 그래서 머리를 땅에 박으면 적의 발소리를 통해 그 상대를 파악할 수 있다. 그리고 결정한다. 싸울 것인가 도망갈 것인가, 아니면 위장을 할 것인가를 말이다. 타조는 모래에 머리를 처박으며 감각을 최고조로 이끈다.

그렇다. 단단한 나를 만들기 위해서는 타조효과가 필요하다. 미세한 움직임까지 읽어낼 수 있도록 모든 감각을 동원해야 한다. 냉철함과 명철함으로 나와 다른 사람의 본심을 읽고, 세상의 본질을 꿰뚫어야 한다.

'나'라는 나라의 법 /

그 누구보다 냉철함과 명철함을 잃지 말아야 할 사람들이 있다. 절대 멍청해서는 안 되는 사람들이 있다. 소위 말하는 리더들이다. 리더는 혼자가 아니다. 하나의 회사, 하나의 조직, 나아가 한 사회와 나라를 책임지는 사람들은 작은 것에 현혹되지 말아야 한다. 넓고 크게 보고 명철하게 판단하고 냉정하게 결정해야 한다.

한비자가 쓴 《한비자》는 리더를 위한 학문 '제왕학(帝王學)'의 최고봉이라 일컬어진다. 한비자가 우리에게 가르치는 리더의 모습은 비정하다. 강력한 군주의 권한을 유지하기 위해 어떤 일도 마다하지 않는 권력의 민낯을 보는 느낌까지 든다. 하지만 사상은 시대의 아들인 법. 한비자가 그런 사상을 편 데는 그럴 만한 이유가 있다. 한비자에게서 좀처럼 인간에 대한 신뢰가 느껴지지 않는 이유는 그가 그런 시대를 살았고 그 시대를 타개하기 위해서는 철저히 법과 원칙에 의거해야 했기 때문이다. 그렇다. 한비자는 우리에게 원칙을 가르친다. 나라를 바로 세우는 방법이지만, 개인에 대입해보면 나를 바로 세우는 방법, 강한 나를 만드는 방법이다.

새해가 되면 누구나 결심을 한다. 가장 쉽게 떠오르는 결심으로는 금주, 금연, 다이어트 같은 것들이 있다. 금주를 결심한 사람은 술은 입에도 대지 않겠다고 다짐한다. 금연을 마음먹은 사람은 12월 31일에 마지막 담배를 태운 뒤 담배부터 라이터, 재떨이까지 모조리 쓰레기통에 버린다. 다이어트를 목표로 잡은 사람은 식단과 운동 계획을 세운다. 그런데 잘 알고 있다시피 이 결심은 얼마 가지 못한다. 금주를 결심한 사람은 곧 술을 마실 핑계를 찾기 바쁘고, 금연을 마음먹은 사람은 다시 담배와 라이터, 재떨이를 구매하며, 다이어트를 목표로 잡은 사람은 '오늘까지만'이라는 변명과 함께 그간 먹지 못한 음식들을 위에 쓸어 담는다.

결심은 자기 자신과의 약속이다. 약속은 지켜질 때 의미가 있다. 지키지 않은 약속은 빈 말, 빈 마음에 불과하다. 하지만 크게 문제될 것은 없다. 결심을 어겼다고 해서 수갑을 차지는 않는다. '그럴 줄 알았다'는 다른 사람들의 핀잔 정도만 들을 뿐이다. 그러나 법은 다르다. 지키지 않으면 처벌을 받는다. 한비자는 진나라에서 상앙이 어떻게 법을 지켜나갔는가를 말한다. 처음 진나라의 신하들은 법을 지키지 않았고 자신의 이익만을 챙겼다. 그러자 나라는 황폐하고 군사는 약해졌다. 이런 상황은 악순환의 고리를 만들었다. 왕의 힘이 약해지고 신하는 더 말을 듣지 않게 된 것이다. 이때 상앙이 등장한다. 상앙은 진나라 왕이었던 효공이 법과 관습을 고치도록 한다. 죄지은 자를 발고하는 사람에게는 상을 주게 하였고 생업을 등한시하는 사람에게는 벌을 내리게 하였다.

물론 처음부터 개혁이 순조롭게 이루어졌을 리 만무하다. 개혁에는 기득권의 저항이 따르기 마련이다. 개혁에 저항하는 기득권을 개인에 대입하자면, 이전의 습관과 같은 것이다. 니코틴 부족에 불안해 하고 자신도 모르게 입에 계속 손이 가는 것, 술을 먹지 않으니 잠이 오지 않는 것, 하루 종일 먹을 것만 생각하는 것, 이런 것들 말이다. 이런 유혹이 밀려올 때면 슬며시 그런 생각이 든다. '담배를 피우는 것보다 피우지 않아서 생기는 스트레스가 더 해로울 것이다. 담배보다 더 나쁜 스트레스를 받느니 다시 담배를 피우는 게 낫지 않을까?' 이런 것들이 개혁에 대한 저항세력들이다. 이전까지 몸은 니코틴과 알코올과 고칼로리 음식을 받아들였다. 마치 타락한 신하들이 자신의 이익을 찾듯, 몸도 이전에 익숙했던 것들을 계속해서 갈구한다. 그것을 주지 않자 아우성을 친다. 이때가 중요하다. 아우성에 휘둘리지 않고 변화를 고수해야 변할 수 있다. 그래서 상앙은 저항에도 불구하고 단호히 법을 지켜나갔다.

당시 진나라에서는 죄를 지어도 뇌물로 처벌을 면할 수 있었고, 능력이 없고 공을 세우지 않아도 힘 있는 신하의 눈에 들면 출세할 수 있었다. 하지만 상앙은 법을 어긴 자를 가차없이 처벌했다. 죄를 발고한 사람에게는 어김없이 상을 주었다. 벌을 받는 사람이 많아지자 원성이 왕인 효공에까지 이르렀다. 하지만 효공은 상앙을 더욱 신임한 것은 물론, 법을 더 엄격히 지켜나갔다. 그러자 죄를 짓는 자가 자연히 줄어들게 되었다. 이를 토대로 한비자는 말한다.

> 어떤 나라도 영원히 강할 수 없고, 또 영원히 약할 수도 없다. 강함과 약함은 그 나라의 법을 받드는 자에게 달려 있다. 그가 강하고 곧으면 그 나라는 강해지지만 그 사람이 그렇지 못하여 법을 지키겠다는 의지를 보이지 못하면 그 나라는 약해진다.
>
> – 한비자, 《한비자》

한비자가 이야기하는 사람은 군주다. 한비자는 군주가 바로 섬으로써 나라를 바로 세울 수 있다고 믿었다. 그렇다면 다음 문제가 생긴다. 군주는 어떻게 바로 설 수 있을까. 한비자가 생각한 방법은 법에 의지하는 것이었다. 이때 법은 객관적이어야 하고 명확해야 한다. 그리고 더욱 중요한 것은 신분에 상관없이 공평하게 적용되어야 한다는 점이다.

그렇다면 '나'라는 나라의 군주는 누구인가? 내 몸과 마음의 주인은 누구인가? 나라는 사람도 영원히 강할 수도 영원히 약할 수도 없다. 내가 어떻게 하느냐에 따라 나는 달라진다. 나와의 약속, 나의 결심, 내가 정한 규칙은 '나'라는 나라의 법이다. 지키지 않으면 나태와 안주, 정체라는 처벌을 받게 되는 것이다. 결국 한비자의 가르침은 사람으로 귀결된다. 그것이 나라는 사람이든 아니면 다른 사람이든, 사람을 어떻게 읽어내고 다스릴 것인지에 대한 가르침이다. 그 누구에게도 휘둘림 없이, 그 어떤 일에도 흔들림 없이, 단단한 나를 만드는 힘은 사람을 통찰하고 이를 굳건한 원칙으로 다스리는 데서 비롯된다.

인간에 대한 가장 아름다운 진실
/

플라톤의 '철인'은 '단단한 나'의 또 다른 표현이라고 할 수 있다. 플라톤 철학의 정수를 꼽으라면 그건 아마도 철인정치론과 이데아론일 것이다. 그중 철인정치론은 그의 스승인 소크라테스의 죽음과 깊은 연관을 맺고 있다. 플라톤은 "나는 야만인이 아니라 그리스 사람으로, 노예가 아니라 자유인으로, 여자가 아니라 남자로 그리고 무엇보다도 소크라테스의 시대에 태어난 것을 신에게 감사한다"고 말했다. 그만큼 플라톤의 소크라테스에 대한 존경과 믿음은 대단한 것이었다.

플라톤이란 이름은 어깨가 넓다는 뜻이다. 플라톤은 어깨가 넓은 만큼 운동을 잘했다. 올림피아와 함께 그리스의 4대 경기 중 하나인 이스토미아에서 두 번이나 입상했을 정도다. 그런 그가 철학자의 길로 들어선 건 스무 살 때 이루어진 소크라테스와의 만남 때문이었다. 그러나 소크라테스는 민주주의 그리스에서 사형을 당했다. 플라톤은 소크라테스를 구하기 위해 모든 노력을 기울였지만 허사였고 결국 12년이나 계속된 망명길에 오른다. 하지만 플라톤의 망명길은 견문을 넓히고 사상을 다져나가는 과정이 되었다. 플라톤은 기원전 380년에서 370년 사이에 철인정치론의 집대성인 《국가》를 집필한다.

플라톤은 기본적으로 대중이 우매하다고 생각했다. 대중들이 그의 스승 소크라테스를 죽음으로 몰고 간 것도 그 이유 때문이라고 여겼다. 그래서 그는 우매한 대중에게 좌우되는 민주주의 대신 지혜를 갖춘 철인이 다스리는 국가를 이상적인 국가라고 주장했다. 그런데 만약 다스려야 할 대상을 바꾼다면 어떻게 될까. 우리가 다스려야 할 대상이 우리 자신이라면 말이다. 우매한 자신에게 나를 맡겨도 괜찮을까. 우매한 내가 다스리는 나를 상상해보라. 먼저 나는 중요한 것이 무엇인지 분별하지 못할 것이다. 다른 사람의 달콤한 말에 현혹될 것이다. 많은 사람이 그렇다면, 의심 없이 그렇다고 여길 것이다. 우매한 나는 그렇게 나를 망쳐놓게 될 것이다.

하지만 현명한 내가 나를 다스린다면 아마도 우매한 내가 다스릴 때와는 다른 결과가 나올 것이다. 그렇다면 현명한 나를 만드는 방법은 무엇인가. 플라톤은 우리에게 필요한 두 가지를 말한다.

첫째, 우매함을 극복하라.

플라톤은 일단 대중을 우매하다고 상정했다. 그러니 우매한 대중에게는 나라를 맡길 수 없다. 그들은 아첨을 좋아하고 꿀맛에 굶주렸으므로 감언이설을 잘하는 교활한 자에게 넘어갈 것이기 때문이다. 나 역시 마찬가지다. 저 주식이 오를 거라는 풍문에 전 재산을 걸기도 하고, 누가 저 학과가 좋다고 말하니 무턱대고 지원하기도 한다. 그게 바로 우매한 것이다. 우매함에는 내가 없다. 다른 사람의 판단과 주장이 내 생각을 지배하면 우매해진다. 우매함을 극복하려면 직접 자료를 수집하고 종합적으로 생각하고 냉철하게 판단해야 한다. 타인의 말이나 생각에 나의 생각을 의지해서는 안 된다.

둘째, 눈앞의 이익을 멀리하라.

다음으로 플라톤은 정치가들에게도 나라를 맡길 수 없다고 했다. 정치가는 부자들에게 조종당하기 쉬운 까닭이다. 플라톤은 분명히 이야기한다. "부에만 마음이 쏠려 있는 상인이 통치자가 될 때 파멸이 온다"고 말이다. 우리에게도 불과 얼마 전 그랬던 기억이 있지 않은가. 정의와 상식, 그리고 함께를 잊으면 나라는 파국으로 치닫는다. 사람도 마찬가지다. 눈앞의 이익만을 좇는 사람은 언제나 혼자일 뿐이다. 그는 관계를 맺는 사람이 아니라 그저 관련이 있는 사람일 뿐이다. 그럼 오직 하나의 명령어만을 수행하는 계산기와 다를 바가 없게 된다.

플라톤은 철학은 서른이 되어서야 가르쳐야 한다고 했다. 첫 번째로 공부해야 할 것은 체육이라고 했다. 플라톤에 의하면 철인의 공부를 하는 아이들은 10년 동안 체육 교육을 받아야 한다. 몸이 건강하지 않고는 이룰 수 있는 게 많지 않다. 플라톤은 이렇게 말한다.

"게으르고 사치스러운 생활 때문에 물과 바람으로 가득찬 연못처럼, 소화불량과 카타르에 걸려 만신창이가 되어 약의 도움을 받는 것, 이것은 불명예가 아닌가?"

건강도 공부다. 다르게 말하면 자기 자신을 관리하는 공부다. 허약한 체질이라고 포기해서는 안 된다. 포기는 방치다. 그렇다고 언제까지나 체육만 할 수는 없다. 그럼 정서적인 문제가 생길 수 있다. 그래서 플라톤은 음악을 함께 배워야 한다고 말한다. 플라톤은 교육에서 배워야 할 것을 엄격하게 가렸다. 하지만 배우는 것을 강제하려고 하지는 않았다. 그는 자유인은 지식의 획득에 있어서도 자유인이 되어야 한다고 강조했다.

플라톤은 철인을 통해 이상적인 국가를 만들고자 했지만 우리는 플라톤을 통해 이상적인 나를 만들 수 있다. 하찮다고 여겼거나, 아니면 삶에 직접적인 상관이 없다고 여겼던 것이 모두 나를 만드는 과정임을 플라톤은 알려준다. 체육이든 음악이든 철학이든 결국 내가 경험하고 살아가는 모든 과정이 철인, 단단한 나를 만드는 힘임을 알려주는 것이다.

중요한 것은 나를 만드는 구성과 과정의 조화다. 생각해보자. 마치 신체의 일부인 듯 언제나 가지고 다니는 물건이 있다. 우리는 이 기계를 스마트폰이라고 부른다. 스마트폰이라고 하면 똑똑한 전화기다. 스마트폰은 전화기지만 이를 전화기로만 쓰는 사람은 거의 없다. 스마트폰으로 시계를 본다. 스마트폰으로 사진을 찍는다. 스마트폰으로 오락을 한다. 스마트폰으로 메일을 보낸다. 스마트폰으로 대화를 나눈다. 스마트폰으로 영화를 본다. 스마트폰에는 통신, 광학, 디스플레이, 음악 등 수많은 기술이 집적되어 있다. 이는 마치 수많은 관계, 지혜와 지식, 소양과 취향, 마음과 몸이 나라는 사람을 구성하는 것과 비슷하다.

직장에서 인정받아도 집에서 외톨이면 행복할 수 없다. 성적이 좋아도 친구가 없으면 외롭다. 좋은 친구가 꼭 좋은 연인이 되지 않듯 좋은 연인이 좋은 친구가 아닐 수도 있다. 이렇게 되면 몇 천만 화소의 카메라를 탑재했지만 해상도 낮은 디스플레이를 구현한 스마트폰이 되어버린다. 고가의 성능 좋은 이어폰을 가지고 저음질 음악을 듣는다면 그 좋은 이어폰이 무슨 소용이 있는가 말이다. 거대한 기계도 아주 작은 톱니바퀴 하나 때문에 멈출 수 있다. 플라톤은 그것을 염려했다. 기원전 387년 망명을 마치고 돌아온 플라톤은 아테네 근교에 아카데메이아라는 학교를 세운다. 그리고 그 학교의 현관에는 이런 글귀를 붙였다.

"기하학을 모르는 자, 이 문을 들어서지 말라."

기하학은 점, 선, 면, 도형, 공간을 다루는 수학의 한 분야다. 철학자가 세운 학교에 들어가기 위한 필수조건이 수학의 기하학을 아는 것이었다. 수많은 사람들에게 패배의 아픔을 안겼던 수학, 살면서 더하기, 빼기, 곱하기, 나누기 외에는 거의 쓸모가 없어 보였던 수학이 사실은 철학을 비롯한 인문학이나 예술과 밀접한 연관을 맺고 있는 것이다. 실제로 서양의 위대한 철학자 중에는 동시에 수학자인 경우가 많았다. 유압기계나 자동차의 브레이크에 응용되는 파스칼의 원리를 발견한 블레즈 파스칼도 수학자이자 철학자였다. "나는 생각한다. 고로 나는 존재한다"라는 명언을 남긴 데카르트 역시 수학자인 동시에 철학자였다. 그리고 철학의 아버지라고 불리는 탈레스도 수학자였다.

수학은 정교한 논리로 답을 찾아간다. 가설을 제시하면 그것을 증명해야 한다. 인식하지 못했지만 우리는 수학적인 삶을 살아가고 있는지도 모른다. 회사에서 새로운 상품을 내놓을 때, 정밀하게 데이터를 분석하여 시장 규모를 파악하고 타깃을 설정한다. 상품의 어필 포인트를 상정하고 거기에 광고를 집중한다. 그때 서로 다른 의견이 있을 수 있다. 수많은 주장들 중에서 하나의 의견이 선택받는 것은 그 근거가 더 타당하다고 여겨지기 때문일 것이다. 우리는 수학을 통해 공부하는 방법, 의견을 제시하는 방법, 주장하고 설득하는 방법 등 여러 삶의 방법들을 배우고 있었던 것이다. 그렇다면 다른 공부들도 이와 같을 수 있다. 나를 구성하는 수많은 것들이 나를 만드는 것처럼 내 주위의 모든 것들이 공부이며 그것을 통해 나는 새로워질 수 있다. 새로운 나로 거듭나는 데는 오랜 시간이 필요하지만 지금 당장 바꿀 수 있는 것이 하나 있다. 여기엔 시간과 돈이 필요치 않다. 지금 바로 바꿀 수 있는 단 하나는 바로 내 마음이다. 플라톤은 이렇게 이야기한다.

> 인간에게 있어서 가장 아름다운 진실은 마음가짐을 바꾸면 현실을 바꿀 수 있다는 것이다.
>
> – 플라톤, 《국가》

그렇다. 우리는 마음가짐을 바꾸는 것만으로, 삶의 모든 과정이 나를 만든다는 생각을 일깨우는 것만으로, 나를 단단한 나로 바꿀 수 있다.

단단한 나를 만드는 데 있어 한비자와 플라톤은 '통찰', 즉 무언가를 꿰뚫어보는 일의 중요성을 알려준다. 한비자는 사람의 마음을 간파해 간사한 자를 식별해냄으로써 강해질 수 있는 방법을 제시하고, 플라톤은 사람의 우매함과 연약함을 들여다봄으로써 철인이라는 새로운 인물상을 제안한다. 통찰한다는 것은, 그 대상이 나이든 다른 사람이든 그에 대해 분석하고 평가하는 과정이며, 이를 통해 무엇을 개선하고 어떻게 바꿀지를 판단하는 과정이라고 할 수 있다.

의
심

의심하고, 따지고, 수긍하고,
다시 의심하고

: '회의의 대가' 데카르트의 네 가지 사고 규칙 :

이야기를 시작하기에 앞서 아래 문제를 먼저 보자.

Q. 그림과 같이 수직선 위의 두 점 A(2), B(8)에 대하여 선분 AB를 2:1로 외분하는 점 Q(x)의 좌표는?

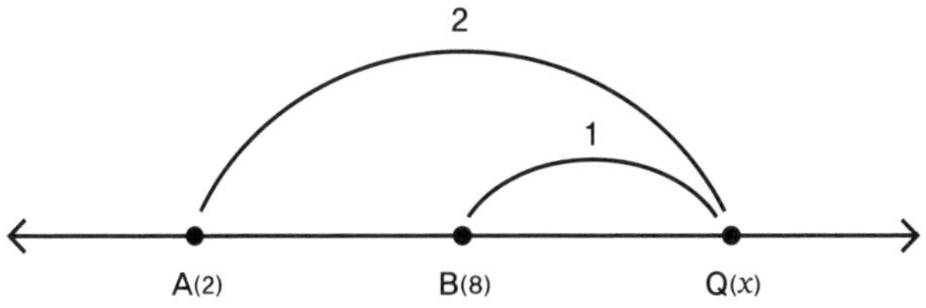

① Q(11) ② Q(12) ③ Q(13) ④ Q(14)

아마 보기만 해도 머리가 지끈지끈 아파올 것이다. 지금은 학업을 놓은 지 너무 오래되어서라고 변명하기엔, 학창 시절이라고 사정이 다르지 않았을 것이다. 솔직히 말해보자. 도무지 의미를 알 수 없는 각종 수식들과 기호들을 볼 때마다 이런 생각을 한 번쯤은 해보지 않았는가.

'도대체 누가 이런 것을 만들어서 나를 고생시키는 거야!'

문제의 원흉을 밝히고자 한다. 원흉은 바로 파리다. 설마? 그렇다. 앵앵대면서 쓰레기 더미 근처를 맴도는 그 파리가 맞다. 우리의 골머리를 썩게 한 복잡한 좌표의 원흉이 뜬금없이 파리라니, 무슨 소리인가 싶을 것이다. 잠시만 이야기를 더 들어보라. 핵심은 그 파리가 누구의 눈에 띄었냐는 것이다.

파리는 어떻게 GPS가 되었나 /

데카르트는 얼굴도 창백했고 몸도 약했다. 하지만 학교에서는 공부를 잘하는 학생이었다. 뛰어난 성적 덕분이었는지, 그가 다녔던 라플레슈의 예수회 학교에서는 데카르트의 기상 시간을 딱히 문제 삼지 않았다. 몸이 약했던 데카르트는 꼭 아침이 아니어도 침대에 누워 있는 일이 많았고, 자연스럽게 잠에서 깨면 명상을 하는 습관을 가지게 되었다.

1619년의 일이다. 그날도 침대에 누워 있던 데카르트의 눈에 파리 한 마리가 들어왔다. 파리는 천장 이곳저곳에 머물렀다가 날았다가를 반복하고 있었다. 가만히 파리를 지켜보던 데카르트는 문득 궁금해졌다.

'어떻게 하면 파리의 위치를 나타낼 수 있을까?'

왜 그런 것이 궁금해졌는지는 모를 일이지만, 어쨌든 데카르트는 한참을 고민했다. 그 결과 탄생한 것이 가로와 세로, 그리고 높이를 이용한 좌표다. 데카르트는 '천장을 두 개의 기준선으로 나누면 파리가 앉아 있던 곳을 점으로 나타낼 수 있고, 이후에 앉는 곳도 점으로 나타낼 수 있지 않겠는가?' 하는 생각을 했다고 한다. 학창 시절 지겹게 사용하던 모눈종이와 그토록 머리를 아프게 했던 좌표 문제가 탄생한 순간이다.

흔히 데카르트를 철학자로 알고 있지만, 사실 그는 수학자로서도 많은 업적을 남겼다. 미지수 x를 쓰기 시작했고 좌표평면을 도입했다. 거듭제곱을 표시하는 지수 또한 데카르트가 처음으로 고안한 것이다. 특히 그의 좌표 개념은 직선뿐 아니라 원, 타원, 쌍곡선과 같은 기하학적 도형과 이름만 들어도 몸서리쳐지는 미분과 적분에까지 적용된다. 수학의 '수'자만 들어도 이가 갈리는 사람들에게 데카르트는 원망의 대상이 되기 충분한 인물인 것이다. 하지만 원망만 쏟아낼 수는 없는 노릇이다. 데카르트가 만든 좌표 개념이 우리를 고통스럽게 하는 데에만 쓰인 것은 아니기 때문이다. 컴퓨터를 사용하는 데 없어서는 안 될 도구인 마우스도 좌표 개념의 응용이다. 마우스의 이동은 좌표로 계산된다. 어디 그뿐인가. 내비게이션과 GPS도 여기에서 나왔다.

고작 파리 한 마리를 보고 좌표 개념을 고안해냈다는 이야기를 들으면 그 천재성에 혀를 내두르게 된다. 비슷하게는 떨어지는 사과를 보고 만유인력의 법칙을 발견했다는 뉴턴도 있다. 사과는 고대 그리스 시대로부터 동서고금을 가리지 않고 나무에서 땅으로 떨어졌다. 파리가 데카르트의 시대에만 날아다닌 것도 아니다. 무수하게 많은 사람들이 떨어지는 사과와 천장에 붙은 파리를 봤을 것이다. 하지만 누구나 볼 수 있었던 그 일상적인 현상에서 세계를 뒤흔든 법칙과 개념을 고안해낸 사람은 뉴턴과 데카르트뿐이었다. 천재들은 보통 사람들과는 다르게 특별한 유전자라도 갖고 태어난 것일까. 그렇지 않다. 뉴턴과 데카르트를 천재로 만든 것은 '타고난 무엇'이 아니라 '갈고닦은 무엇'이었다.

세계적인 뉴턴 학자인 리처드 웨스트폴(Richard S. Westfall)은 뉴턴이 결코 쉬지 않는 천재였다고 말한다. 해결해야 할 문제가 있으면 잠시도 쉬지 않고 오직 그것만 생각했다는 것이다. 데카르트도 마찬가지였다. 그는 문제를 정말 집요하게, 악바리처럼 물고 늘어졌다. 회의하고 회의하고 또 회의해서 진리에 다가서고자 했던 사람이 데카르트였다.

심지어 데카르트는 당시 당연한 것으로 받아들여졌던 유클리드 기하학마저 의심했다. 유클리드 기하학은 논리적이었지만 대수적으로 계산할 수 없었고 직선과 원으로 이루어진 도형만을 대상으로 했다. 데카르트는 이미 수와 식을 다루는 대수학으로 도형을 다루는 기하학을 설명하기 위해 고민하고 있었다. 그리고 마침내 그가 좌표평면 개념을 발명했을 때 기하학적 도형들을 수식으로 나타낼 수 있게 되었다. 파리는 생각하고 회의하는 그에게 주어진 하나의 힌트였던 것이다.

"나는 생각한다, 고로 나는 존재한다"

/

사자성어 중에 '삼인성호(三人成虎)'라는 말이 있다. 《한비자》 〈내저설(內儲說)〉편에 나오는 이야기로 세 사람이 모여 호랑이를 만든다는 뜻이다. 중국 전국시대 위나라 대신 방공이 인질로 잡혀가는 태자를 수행하러 가기 전에 혜왕에게 물었다.

"한 사람이 달려와 시장에 호랑이가 나타났다고 하면 믿으시겠습니까?"

왕은 믿지 않는다고 했다. 방공은 다시 물었다.

"만약 두 사람이 달려와서 호랑이가 나타났다고 하면 믿으시겠습니까?"

왕은 역시 믿지 않는다고 했다. 방공은 마지막으로 물었다.

"만약 세 사람이 달려와 이구동성으로 호랑이가 나타났다고 하면 믿으시겠습니까?"

왕은 그제야 믿겠다고 말했다. 한두 명의 미심쩍은 말은 믿지 않지만 세 사람 이상이나 같은 말을 한다면 믿겠다는 것이다. 방공이 혜왕에게 그런 이야기를 한 것은 간신의 말을 조심하라는 뜻이었다. 그러나 추후 방공이 돌아왔을 때, 왕은 측근들의 말에 현혹돼 방공을 만나주지도 않았다.

데카르트라면 어땠을까. 데카르트는 절대 혜왕처럼 되지 않았을 것이다. 그는 철저한 이성을 바탕으로 끊임없이 회의하고 검증하는 인물이었으니 말이다. 데카르트는 어느 것 하나 그냥 넘어가는 법이 없었다. 우리가 가지고 있는 지식을 모조리 의심하여 더이상 의심하려야 의심할 수 없는 명백한 진리에 도달하자는 것이 데카르트의 의도였다. 그래서 그는 조금이라도 확실치 않은 것은 모두 의심했다. 먼저 감각을 통해서 이루어진 감각적 지식을 의심했는데, 우리의 감각은 불완전하기 때문에 이를 통해 인식된 사물의 존재 같은 것은 얼마든지 의심할 수 있다고 했다. 여기에 더해 우리가 가장 확실하다고 믿는 지식 중 하나인 수학적 진리마저도 의심할 수 있다고 했다. 전능한 기만자가 우리를 속이고 있을지도 모르기 때문이다.

데카르트는 근대 철학의 창시자라고 불린다. 데카르트 이전 서양 철학의 중심은 교부, 즉 그리스도교의 교리를 저술하고 설명하는 사람들이었다. 그래서 그 시대의 철학을 교부 철학이라고 불렀다. 그다음은 스콜라 철학의 시대였다. 서로마 제국의 황제였던 카

롤루스 대제가 세웠던 신학원의 교수인 스콜라들이 철학의 중심을 차지했다. 그리고 데카르트가 나타났다. 모범생처럼 보였지만 반항적이었던 데카르트가 철학의 방법으로 회의를 택한 것은 어쩌면 필연적이었는지도 모른다. 이전의 철학을 부수고 새로운 철학의 시대를 열기 위해서는 이전에 대한 의심이 반드시 필요했다. 이전 철학이 옳다고 여긴다면 새로운 철학이 나타날 수 없기 때문이다. 그는 의심했고, 회의했고, 그래서 새로운 시대를 열었다.

사실 의심은 부정의 의미를 지닌다. 의심이란 무언가를 믿지 못하고 확신하지 못하는 마음이다. 하지만 데카르트의 의심은 긍정의 의미다. 그는 의심을 통해 정확한 사실을 밝혀냈고, 이를 또다시 의심을 통해 검증함으로써 확고한 이론을 세웠다. 무엇보다 그의 의심은 자신의 존재에 대한 확신으로 이어졌다. 데카르트는 모든 것을 의심하여 이 세상에 확실한 것이 아무것도 없다 해도 한 가지만은 의심하려야 의심할 수 없다고 했다. 그렇게 의심하고 있는 나의 존재만은 의심할 수 없다는 것이다. 생각하는 내용과 주제는 의심할 수 있어도, 생각한다는 사실과 그 생각을 하고 있는 나는 틀림없이 존재한다는 것이다. "코기토 에르고 숨(Cogito, ergo sum)", "나는 생각한다. 고로 나는 존재한다"라는 명제는 이렇게 탄생했다. 이 명제는 그전까지 없었던 '생각하는 나'를 전면에 내놓았다는 점에서 근대 정신의 자기주장이라고 평가받는다.

불확실한 세상에서
유일하게 확신할 수 있는 그것
/

나의 존재에 대한 확신은 스스로에 대한 확신으로 이어진다. 모든 것을 부정하고 의심함에도 나라는 존재에 대해서는 추호의 의심도 없다면, 내가 생각하고 상상하는 것을 얼마든지 이룰 수 있다는 확신도 가능하다. 나는 무엇도 확신할 수 없는 세상에서 유일하게 확신할 수 있는 특별한 존재이니 말이다. 세계적인 심리학자이자 베스트셀러 《행복한 이기주의자》의 저자로 유명한 웨인 다이어(Wayne W. Dyer)는 《확신의 힘(Wishes Fulfilled)》을 통해 불확실하고 모호한 세상을 살아가는 데 있어, 스스로에 대한 확신이 얼마나 큰 힘을 발휘하는지 강조한다. 그는 아무리 간절히 원해도 운명에 내맡겨진 삶에서는 아무것도 이룰 수 없다고 지적하며, 스스로가 무한한 가능성을 지닌 선택받은 존재라고 확신해야 한다고 강조한다. 그에 따르면 확신은 자신의 마음속에 적극적이고 긍정적인 변화를 불러일으키는 강력한 도화선이다.

> 더욱 가치 있고 새로운 자신을 세상에 나타내려면 여러분은 되고 싶은 모습이 이미 되었다고 가정하고 그 가정을 믿으며 살아가야 한다. 아직 여러분의 몸으로 나타나지 않았어도 자신이 원하는 모습이 되

었다는 가정을 철저히 믿는다면 그 새로운 가치나 의식의 상태가 현실 속에 나타날 것을 확신해야 한다.

– 다이어, 《확신의 힘》

누구나 살면서 열심히 노력했음에도 불구하고 좌절과 위기의 순간을 만나기 마련이다. 지긋지긋한 수험생 생활을 대학만 들어가면 모든 것이 해결되리라는 희망으로 버텼지만, 입학 후 펼쳐진 것은 낭만적인 캠퍼스 라이프가 아니라 취업을 위한 피 튀기는 경쟁이었다. 처절한 구직 생활을 취직만 하면 장밋빛 미래가 펼쳐지리라는 기대로 견뎠지만, 취업 후 펼쳐진 것은 밝고 희망찬 프로의 세계가 아니라 먹고살기 위한 지난한 밥벌이와 밟히지 않으려면 밟고 일어서야 하는 냉혹한 승부의 세계였다.

아무리 발버둥쳐도 달라지지 않는 현실은 우리를 무력하게 만든다. 다른 사람들은 잘만 사는 것 같은데 왜 나만 삶이 이렇게 뜻대로 되지 않는지 원망하게 되고, 결국 나는 이렇게 살 수밖에 없다며 포기하게 되기도 한다. 그럼에도 스스로에 대한 확신의 끈만 놓지 않는다면, 운명에 내맡겨진 '나'를 일깨운다면 불가능은 사라지고 내면에 숨어 있는 창조적 불꽃이 되살아난다는 것이 다이어의 주장이다. 스스로에 대한 확신은 나와 삶을 지키는 힘이며, 위기와 좌절 앞에서도 무너지지 않는 나를 만드는 방법이다.

외부적으로 무언가를 추구할 때 우리는 경쟁적이고 한계가 있는 세상을 바라보면서 우리의 성취를 평가하기 위해 외부의 척도를 사용한다. 내가 보기에 이건 환상이다. '존재하는 상태'에는 한계가 없다. 우리는 목표를 얼마나 성취했느냐를 기준으로 우리 자신의 '존재하는 상태'를 재보는 것 같다. 나는 그렇게 하지 않는다. 요컨대 관점을 바꾸라는 말이다. 우리가 부자든 가난하든, 장애가 있든 없든, 사랑하는 사람과 함께 있든 아니든 자기 존재 안에서 위대함을 보라. 이제 나는 존재에 집중하면서 내 인생의 창조자이자 예술가가 되었다.

– 다이어, 《확신의 힘》

그의 의심은
세상을 바꾸는 혁신이 되었다
/

세상에는 무수한 Q들이 있다.

EQ(Emotional Quotient): 감성 지수. 타인에 대한 감정이입 지수로 원만한 대인관계에 연결된 능력

MQ(Moral Quotient): 도덕성 지수. 양심에 어긋나지 않는 행동을 하는 준법성

CQ(Charisma Quotient): 카리스마 지수. 남을 끌어들이는 흡인력과 신뢰, 지도력

CQ(Creative Quotient): 창의성 지수. 새로운 아이디어, 생각을 해내는 능력

PQ(Passion Quotient): 열정 지수. 어떠한 일에 얼마만큼의 열의를 보여주는가에 대한 지수

DQ(Digital Quotient): 디지털 지수. 디지털 기기 또는 디지털 활용 능력

GQ(Global Quotient): 세계화 지수. 세계인으로 살아가는 데 필요한 가치관과 양식

NQ(Network Quotient): 공존 지수. 함께 살아갈 수 있는 능력

그리고 데카르트를 통해 우리는 한 가지 Q를 더하고자 한다. DQ(Doubt Quotient), 즉 의심 지수다. 이는 끝없는 의심을 바탕으로 검증함으로써 확고함을 만들어내는 능력을 뜻한다.

파리정치대학의 교수인 앙리 페나-뤼즈(Henri Pena-Ruiz)는《데카르트가 사랑한 사팔뜨기 소녀(Grandes légendes de la pensée)》라는 책에서 데카르트가 어떻게 감정이 이성적 판단을 방해하는지 깨닫게 된 일화를 소개한다. 뤼즈에 따르면 데카르트는 어느 날 문득 자신에게 이상한 성향이 있음을 깨닫게 된다. 우리가 흔히 말하는 사팔뜨기, 즉 사시인 사람을 보면 다른 사람보다 친근하게 느끼고

호의를 베풀고 있었던 것이다. 이런 현상을 알게 된 데카르트는 그 이유를 생각하기 시작했다. 그리고 어린 시절을 떠올렸다.

데카르트는 어린 시절 한 소녀를 사랑한 적이 있었다. 그런데 그 소녀의 눈이 사시였던 것이다. 사랑에 빠졌던 데카르트에게 그 소녀의 눈은 문제가 되지 않았다. 오히려 그런 소녀의 눈까지 사랑하게 되었을 것이다. 그리고 그 감정은 계속해서 남아 영향을 미치고 있었다.

과거의 경험은 이처럼 중요하다. 데카르트에게까지 영향을 미칠 정도로 말이다. 그런데 우리는 스스로도 모르게 영향을 받은 많은 요소들을 쉽게 간과한다. 객관적이고 냉철하게 판단했다고 생각하지만 그 결정에 어떤 감정이 섞여 있을지 알 수 없다. 어쩌면 자신의 취향대로 결정한 것일지도 모른다. 때문에 의심 지수를 더해야 하는 것이다. 이런 일은 직장에서도 많이 발생한다.

새로운 아이템을 기획하거나 신사업을 추진할 때, 흔히 받게 되는 질문은 "정말 그러냐?"는 것이다. "정말 새로운 것인가? 정말 성공할 수 있는가? 정말 그런가?" 이 질문 앞에서 대부분의 사람들은 당황할 수밖에 없다. 막상 질문을 받고서야 내가 좋으니 다른 사람도 좋아할 것이라는 막연한 믿음이 바탕에 깔려 있었음을 깨닫는 것이다. 물론 실제로 해보기 전에는 누구도 장담할 수 없는 문제도 있다. 하지만 데카르트처럼 의심에 의심을 더해 검증한 사람은 합리적으로 대답할 수 있다.

클라이언트에게 새로운 기획을 제안하고 있다고 해보자. 클라이언트가 나의 기획과는 다른 아이디어를 내놓으면서 묻는다. "이렇게 하는 건 어떨까요?" 생각해보지 않은 방안이라 머뭇거리거나 당황한다면, 나에 대한 신뢰도는 급격히 하락하고 계약은 물거품이 될 것이다. 하지만 "그 방법을 고려하지 않은 것은 아닙니다. 하지만 그랬을 경우 이런 문제가 생깁니다. 이 방법이 더 효과적이고 장점이 많은 이유는 이렇습니다"라고 설명한다면? 클라이언트의 얼굴에는 신뢰감 가득한 미소가 번질 것이다.

한국인 최초로 실리콘밸리에 디자인 회사를 세운 '이노디자인'의 김영세는 저서《12억짜리 냅킨 한 장》에서 의심하고 검증하는 과정이 어떻게 성공으로 이어지는지를 보여준다. 그는 신제품을 개발할 때마다 머릿속에 '가상의 대화방'을 만들고, 제품과 관련된 모든 의심을 파헤치고 검증한다고 한다.

가상의 대화방에는 기술자, 소비자, 중역, 클라이언트 등 여러 사람이 등장해 제품을 놓고 진지한 토론을 벌인다. 토론은 의심과 부정을 전제로 이루어진다. 만약 기술자가 이런 기술은 구현하기 어렵다거나 비용이 많이 든다고 지적하면 그 기능은 제외시킨다. 소비자가 새로운 디자인에서 불편한 점을 이야기하면 다른 디자인을 제시한다. 어떤 중역이 시장 진입에 방해가 될 만한 요소를 거론하면 그 요소는 빼기도 한다. 김영세는 "이런 회의가 내 마음에 들 정도로 흡족하게 진행된 후에는 급히 종이와 연필을 구해 스케치를 시작한다"며 "사람들이 '이노 터치'라고 부르는 디자인의 특성은 바로 이런 과정을 통해 탄생되는 것이다"라고 설명한다.

이처럼 집요한 의심과 검증을 통해 김영세는 디자인계의 아카데미상이라 불리는 IDEA 금·은·동상을 휩쓸고, 미국《비즈니스 위크》지로부터 최고 디자인상을 받고, 빌 게이츠로부터 칭송을 받은 아이리버 H10을 디자인하고, 한국인 최초로 실리콘밸리에 디자인 회사를 세워서 세계적인 회사로 키워냈다. 데카르트의 의심은 더 단단한 논리로 이어졌고, 김영세의 의심은 세상을 바꿀 혁신으로 이어진 것이다.

확신에 도달하기 위한 네 가지 규칙
/

데카르트는《방법서설》에서 진리에 도달하기 위한 방법으로 네 가지 규칙을 제시했다. 어떻게 의심할 것인지에 대한 구체적인 방법론이라고도 할 수 있다. 그런데 여기에는 한 가지 전제가 있다. 한 번도 어김없이 이 방법을 준수해야만 한다는 것이다.

첫째, 분명하게 참인 것만 받아들일 것.

내가 자명하게 그러하다고 알고 있지 않은 어떤 것도 결코 참이라고 인정하지 않아야 한다고 데카르트는 말한다. 다시 설명하자면 주도하게 속단과 선입관을 피하는 것이며, 판단에 있어서 조금도 의심할 여지가 없을 만큼 분명하고 뚜렷하게 드러나는 것 이외에는 어떤 것도 더 보태어 이해하지 않아야 한다.

'그렇다고 알고 있는 것'과 '그런 것'의 차이를 발견할 때가 있다. 사소하게는 연인과의 싸움에서도 빈번하게 발생한다. 나는 그렇게 이야기했다고 생각하지만, 정작 내 입에서 나온 말은 그렇지 않은 경우다. 예를 들어 '네가 좀더 배려심을 키웠으면 좋겠다'는 의도였지만, 정작 상대에게는 '너는 너무 이기적이야'라고 말했다고 해보자. 나는 '네가 좀더 배려심을 키웠으면 좋겠다'고 말했다고 기억하지만, 사실은 그렇지 않다. 사람은 자신의 의도, 즉 자신이 하고자 한 말과 자신이 실제로 한 말을 쉽게 혼동한다. 선입견과 속단도 마찬가지다. 선입견을 가지고 있다는 것은 어느 정도의 결론을 이미 내렸다는 뜻과 마찬가지다. 그래서 앞부분만 읽고는 책을 덮어버리고, 앞부분만 듣고는 귀를 닫는다. 이미 생각해놓은 답이 있기 때문이다.

'분명하게 참인 것만 받아들이라'는 데카르트의 조언은 참이라고 생각하는 그것이 진짜 참인지 의심하라는 것이다. 참이 아닌 것을 잘못 받아들이면 판단이 흐려져 정확하고 논리적으로 사고하는 일이 불가능하기 때문이다.

둘째, 문제를 다루기 쉽도록 가능한 한 작은 부분으로 나누어 검토할 것.

검토하려는 문제 하나하나를 잘 따져보고 가능한 한, 그리고 가장 잘 해결하기 위해 요구되는 한, 작은 부분으로 쪼개서 검토하라는 것이다. 좁고 깊게 보는 시각과 넓고 크게 보는 시각은 둘 다 중요하다. 그런데 데카르트는 먼저 작은 문제에 집중하라고 조언한다. 이렇게 하면 한꺼번에 모든 것을 해결하려고 할 때 생기는 오류를 피할 수 있다. 감당할 수 없을 것 같던 큰 문제를 세밀하게 나누어보면 여러 가지 작은 문제가 중첩되고 연결되어 있는 경우가 많다. 하나의 큰 덩어리로 봤을 때는 해결할 엄두가 나지 않지만, 작은 문제를 하나씩 해결하는 것이라면 해볼 만하다. 문제를 분절하는 것은, 문제를 내 능력 안으로 끌어들이는 것이며 동시에 그 문제의 해결 가능성을 모색하며 자신의 능력치를 키우는 일이 된다.

셋째, 가장 알기 쉽고 간단한 것부터 가장 복잡한 것까지 단계적으로, 내 사고를 질서 있게 이끌어나갈 것.

이는 진리를 공고히 다지는 작업이다. 논리를 촘촘히 다지고 체계적으로 구성하는 일이다. 자신이 세운 논리를 자신에게 수긍시키는 과정이라고도 할 수 있다.

어떤 일이 발생했을 때 우리는 상상한다. 언제 어디에서부터 그런 일이 시작되었을까? 큰일을 앞두고 있을 때도 시뮬레이션을 한다. 만약 이런 상황이 발생한다면 어떻게 하는 것이 좋을까 하고 말이다. 이때 사건의 재구성이 이루어진다. 서사 작품에서 이야기를 구성하는 가장 일반적인 방법은 시간의 순서를 따르는 것이다. 하지만 논리적으로 스토리를 전개하기 위해 반드시 시간의 순서를 따를 필요는 없다. 가장 나중에 일어난 사건이 가장 앞에 놓일 수도 있고 중간에 일어난 사건이 앞으로 갈 수도 있다. 작가는 가장 효과적이고 극적으로 표현하기 위한 방법으로 스토리를 구성하려 할 것이다. 이렇게 사건 중심으로 스토리의 구성을 짜는 일을 플로팅(plotting)이라고 한다. 내 사고를 질서 있게 이끌어가기 위해서는 생각의 플롯이 필요할 수도 있다. 생각의 체계를 구성할 수 있다는 것은 내가 스토리를 장악하고 있다는 말과 같다. 생각을 장악하지 못하면 구성을 할 수 없다. 그래서 모르는 이야기를 할 때는 장황하게 횡설수설하게 된다.

넷째, 혹시 빠뜨린 점이 없는가를 검토할 것.

'의심의 대가'답게 데카르트는 마지막에 한 번 더 의심할 것을 권한다. 결코 어떤 누락도 범하지 않았노라고 확신할 수 있을 만큼 전적인 열거와 전반적인 재검토를 어떤 경우라도 빼지 말고 실시하라는 것이다. 이 마지막이 중요하다. 사람은 오류를 범한다. 그럴 수밖에 없는 존재다. 중요한 것은 그 오류를 줄이려는 노력이다. 데카르트는 우리에게 논리의 신이 되라고 이야기하지 않는다. 자신이 할 수 있는 최선의 범위에서 최대의 능력을 발휘하라라고 말한다. 데카르트는 이 방법을 통해 완전무결이라고까지는 하지 못하더라도 적어도 자신의 능력이 미치는 한 자신의 이성을 가장 잘 활용할 수 있다는 확신을 가질 수 있었다고 말한다.

즉 진리에 도달하기 위한 데카르트의 네 가지 규칙을 요약하자면 의심하고, 따지고, 수긍하고, 다시 의심하라는 것이다. 이렇게 해서 세워진 진리는 다른 사람의 비난이나 비판에도 굳건히 버틸 수 있다. 이미 스스로 모든 비난과 비판을 검증한 끝에 얻어진 결론이기 때문이다. 결국 데카르트가 전하는 메시지는 이것이다.

나를 의심하지 말고 내가 하는 것을 의심하라. 생각하는 것을 의심하고 행동하는 것을 의심하라. 그 의심의 끝에는 그 어떤 공격에도 무너지지 않을 확신이 기다리고 있다.

그리고 확신을 위한 의심, 이 합리적 의심을 위해 필요한 것은 바로 질문이다. 데카르트가 '나'라는 존재에 대해 확신할 수 있었던 것은 끊임없이 질문을 던진 덕분이다. 꼭 답을 구하지 못해도 상관없다. 답을 '얻는' 결과가 중요한 것이 아니라 답을 '생각하는' 과정이 중요한 것이니 말이다. 마지막으로 데카르트의 이야기를 다시 들어보자.

“진정 진리를 추구하려면 최소한 인생에 한 번은 가능한 한 모든 것에 대해서 의심을 품어봐야 한다.”

차별화

'누구나'와는 '다른 나'를 만드는 다른 생각들

: 장자와 박지원에게 배우는 창조의 법칙 :

250만 년 전에 구석기 시대가 시작되었다면 신석기 시대가 시작된 건 1만 년 전쯤으로 추정된다. 구석기와 신석기의 차이는 돌을 깨서 썼느냐, 돌을 갈아서 썼느냐이다. 돌을 깨서 사용하는 뗀석기에서 돌을 갈아서 사용하는 간석기까지 흐른 시간은 249만 년이었다. 인류 역사의 99.8퍼센트에 해당하는 시간 동안 누구도 돌을 갈아서 쓸 생각을 하지 못했다. 왜 그 간단한 생각을 하지 못했을까? 그런데 잠깐, 그것이 정말 간단한 생각이었을까?

우리에겐 통념이란 것이 있다. 통념이란 말 그대로 일반적으로 널리 통하는 개념이다. 누구나 하는 생각인 통념에 젖어 있으면, 나는 '누구나'에 머물고 만다. 차별화는 '누구나'와는 '다른 나'를 만드는 일이다. 이를 위해서는 우선 통념에서 벗어나야 한다. 그런데 그 방법은 생각보다 간단하다. 통념과 다른 생각을 하면 된다. 다른 나, 다른 생각을 만드는 창조의 법칙을 살펴보자.

창조의 법칙 ①
'당연'에서 빠져나와라
/

통념과 다른 생각은 어떻게 가능할까. 우선 내가 가진 생각만이 옳다는 절대 관념을 파괴해야 한다. 이를 장자에게 배울 수 있다.

장자가 일관되게 강조한 것은, 고정된 눈으로 사물을 고정시키지 말라는 것이다.

"송나라 사람이 머리에 쓰는 모자를 팔러 월나라에 갔다. 월나라 사람들은 머리카락을 자르고 문신을 해서 모자가 아무 소용이 없었다."

송나라 사람들은 모자를 썼을 것이다. 그래서 송나라 상인은 모자를 쓰지 않는 상황을 생각해본 적이 없을 것이다. 하지만 그가 모자를 팔러 간 월나라의 사람들은 머리카락을 기르지 않으니 모자가 필요하지 않았다. 아니 그들에게는 모자를 쓰는 문화 자체가 없었을 것이다. 그러니 모자가 팔릴 리 없었다.

송나라 모자 장수의 일화를 통해 장자는 타자를 이해하는 소통의 중요성을 설파한다. 다른 사람을 이해하기 위해선 어떻게 해야 할까. 먼저 상대를 제대로 볼 줄 알아야 한다. 상대를 제대로 보기 위해서는 어떻게 해야 할까. 선입견을 버려야 한다. 선입견을 버린다는 것은 무엇인가. 미루어 짐작하지 않는 것이다. 진정한 소통은 내가 알고 있는 것, 내가 생각하는 것이 타자가 알고 있는 것, 타자가 생각하는 것과 다를 수 있다는 가능성을 인정하는 데서 출발한다.

선입견은 나와 상대를 가로막는 공고한 장벽이다. 그리고 그 선입견은 또다시 내 앞을 가로막는 장벽이 될 것이다. 선입견을 버리고 상대를 봐야 그를 제대로 볼 수 있다. 남이 보지 못하는 것, 숨겨진 진짜 가치를 발견할 수 있다. 내게 보이는 것, 내가 보고 싶은 것만 보는 것은 소통이 아니다. 보이지 않는 것, 하지만 분명히 존재하는 것을 찾고자 하는 노력, 그것이 소통과 이해의 진짜 의미다.

과거 안짱다리에 꼽추이고 언청이인 사람이 있었다. 외모로만 보면 사람들이 꺼리기 충분한 모습이었다. 이 사람이 춘추시대 위나라의 왕인 영공에게 유세를 하러 갔다. 그런데 영공은 그를 매우 기쁘게 여겼다. 영공은 그의 외모가 아닌 덕을 보았기 때문이다. 영공은 선입견과 통념의 벽을 깨고, 그 안에 숨겨진 가치를 볼 줄 아는 사람이었던 것이다. 장자의 이야기를 좀더 들어보자.

> 사람은 습기 찬 곳에서 자면 허리를 앓고 끝내 죽을 수도 있는데, 미꾸라지도 그럴까? 나무에 올라가면 손이 떨리고 두려운데, 원숭이도 그럴까? (…) 모장과 여희는 사람들이 아름답다고 여기지만 물고기가 그들을 보면 깊이 숨고 새들이 그들을 보면 높이 날며 순록과 사슴이 그들을 보면 결사적으로 도망친다.
>
> – 장자, 《장자》

사람이 좋아하는 거처와 미꾸라지나 원숭이가 좋아하는 거처는 다르다. 춘추전국시대 최고의 미인으로 꼽히던 모장과 여희의 아름다움은 사람의 눈에 그런 것이다. 동물의 눈에도 모장과 여희가 아름답게 보일지는 모를 일이다. 장자는 사람과 다른 동물의 시각을 들었다. 하지만 이런 일은 사람들 사이에서도 종종 벌어진다. 본래 아름답고 추함에는 절대적인 관념이 존재하지 않는다. '내가 그러니 당연히 남도 그럴 것'이라는 생각을 버려야 한다. 즉 통념과 다른 생각으로, '누구나'와는 '다른 나'가 되기 위해서는 '당연'에서 빠져나와야 한다.

도가를 일컬을 때 흔히 노장사상이라고 말한다. 노장이란 노자와 장자를 이름이다. 그리고 노장사상의 핵심 중 하나는 인위의 배격이다. 인위란 사람이 그렇게 만들어놓은 규칙이자 사람이 당연하다고 여기는 것이다. 그 당연에서 빠져나올 때 상상력이 발휘된다. 세상과 자신과 사물을 고정된 세계에 위치시키면 좌표의 변화를 경험할 수 없다. 세상이 고정된 것이 아니고 자신이 붙들린 존재가 아니며 사물이 불변하는 것이 아니라고 여길 때, 변화가 찾아온다. 다른 생각을 만드는 창조의 법칙 첫 번째는 '당연'에서 빠져나오는 것이다.

창조의 법칙 ②
'동시효빈'을 경계하라
/

양반은 손으로 돈을 만지지 않는다. 기생과 놀고 주는 돈을 '해웃

값'이라고 한다. 그 돈을 줄 때에도 불결하다 하여 손으로 집지 않고 젓가락을 사용한다. 양반이 지켜야 할 것은 이외에도 많았다. 밥보다 국을 먼저 먹어서도 안 되고, 마시더라도 소리를 내서는 안 되고, 젓가락으로 밥상에 방아를 찧어서도 안 되고, 생파도 씹어서는 안 되었다. 하지만 양반은 이웃집 소를 몰아다가 내 밭을 먼저 갈게 할 수도 있고, 남의 일꾼을 붙들어다 내 밭을 먼저 김매게 할 수도 있었다. 안하무인으로 굴어도 감히 괄시하는 놈이 없었다. 혹시 그런 놈이 있으면 그놈 코에 잿물을 붓고 상투를 잡고 도리질하고 귀얄수염 다 뽑아도 감히 원망하지 못했다.

연암(燕巖) 박지원은 〈양반전〉에서 양반을 이처럼 허례허식을 중시하면서도, 정작 기본적인 예의는 지키지 않는 인물로 묘사한다. 〈양반전〉의 줄거리는 간단하다. 강원도 정선에 학식 있고 명망 있는 선비가 있었다. 하지만 무척 가난하였다. 그래서 봄에 곡식을 꾸어서 가을에 갚는 환곡을 타 먹었다. 그게 해마다 쌓여 결국 1천 석의 빚을 지게 되었다. 옥에 갇히는 것은 시간문제였다. 그때 그 마을의 부자가 빚을 갚아주는 대신 양반의 지위를 사기로 하였다. 이에 군수가 양반으로 지켜야 할 것들을 열거하니 부자는 억울하게 곡식만 뺏긴 듯했다. 그래서 양반의 이로움을 이야기하니 부자는 자신을 도둑놈으로 만들 작정이냐며 꽁무니를 뺐다. 양반이 그런 사람이라는 걸 미리 알았다면 부자는 양반의 신분을 사려고 하지 않았을 것이다. 양반의 본질을 몰랐기에 1천 석을 선뜻 내놓을 수 있었던 것이다.

연암이 〈양반전〉을 지은 이유는 양반을 풍자하기 위함이다. 하지만 연암 그도 양반이었다. 다만 그는 다른 양반이었다. '충절(忠節)'과 '대의(大義)'를 외치며 온갖 점잔을 빼면서도 백성의 고혈을 짜고 출세를 지상 목표로 삼는 양반이 대다수일 때, 그는 1차 과거시험에 장원을 하고도 2차 시험에는 백지를 내고 나왔다. 그는 행랑아범은 물론 땔나무꾼이나 참외 장수와도 스스럼없이 이야기를 나누었다. 또 그는 잘 씻지 않았고 자주 굶었다. 그러나 그가 부지런히 행하며 멈추지 않은 것이 있었다. 그는 사회의 현실을 통찰했고 끊임없이 그것을 바꾸어나가려 했다. 거기엔 양반의 제약 같은 건 존재하지 않았다.

영조와 정조의 시대를 얼마 되지 않는 조선의 부흥기라고 생각한다. 실제로 영조와 정조는 좋은 정책들을 펼쳤다. 그래서 나라를 안정시키고 백성의 부흥을 꾀하였다. 하지만 조선이라는 나라의 구조가 바뀌지 않는 상태에서 한계는 분명했다. 겉으로 드러나지 않았지만 속은 썩어가고 있었다. '유리걸식(流離乞食)'이란 말이 있다. 농사를 지어야 할 농민들은 땅을 잃고 정처 없이 떠돌아다니며 구걸을 했다. 도망친 노비를 잡으러 다니는 추노꾼들로 산천은 횡행했다. 소수 양반들이 모든 것을 독점했기에 벌어진 사태였다.

이 문제들을 어떻게 해결해야 하는가. 박지원이 파악한 가장 큰 문제는 양반제도와 토지소유제였다. 이에 그는 토지소유의 상한선을 제시하는 '한전론(限田論)'을 주장했다. 어떻게 그런 해법을 내놓을 수 있었던 걸까. 자신도 양반이었지만, 그는 다른 양반을 따라 하지 않았다. 그는 자신의 길을 스스로 찾아나갔다. 물론 박지원도 여느 양반과 마찬가지로 유가의 책으로 공부했다.《논어》와《맹자》를 읽었고 사마천의《사기》로 역사를 배웠다. 그는 뭇 양반들과 같은 책으로 공부했지만 다른 양반이 되었다. 굳어 있지 않았기 때문이다. 연암은 살아 있는 논리로 무장했다. 병자호란 이후 조선에는 청나라를 치자는 북벌론이 대세였다. 하지만 그것은 헛된 구호에 불과했다. 북벌을 하자면서도 여전히 무(武)는 천시했다. 군대를 양성하지도 않았고 물자를 조달하려는 노력도 없었다. 오직 당쟁이 가장 중요한 일이었다. 연암은 이러한 현실의 모순을 꿰뚫었기에 남들이 만들어놓은 생각의 틀에 갇히지 않았고, 스스로 옳다고 믿는 생각의 길을 개척해나갔다. 즉 박지원은 '동시효빈(東施效顰)'하지 않았다.

중국에서는 역사상 최고의 미인으로 네 명을 꼽는다. 이들을 가리켜 '침어낙안 폐월수화(沉魚落雁 閉月羞花)'라 일컫는다. 물고기가 아름다움에 넋이 나가 헤엄치는 것을 잊고 가라앉았다는 '침어' 서시, 나는 기러기가 떨어졌다는 '낙안' 왕소군, 달이 부끄러워 얼굴을 가렸다는 '폐월' 초선, 그리고 꽃이 고개를 떨구었다는 '수화' 양귀비다. 이 중 서시는 가슴에 통증이 있어 이맛살을 찌푸리고 가슴을 쥐는 버릇이 있었다. 그런데 한마을에 동시라는 추녀가 살고 있었다. 동시는 서시가 남자들에게 인기가 많은 이유가 찌푸림과 가슴을 쥐는 행동 때문이라고 생각했다. 그래서 자신도 이맛살을 찌푸리고 가슴을 쥐고 다녔다. 그러자 마을 사람들은 더욱 동시를 꺼리게 되었다. 여기에서 맹목적으로 다른 사람을 따라 한다는 '동시효빈'이라는 사자성어가 유래되었다.

쓸데없이 남을 흉내내면 웃음거리만 되기 십상이다. 내비게이션이 알려준 길만 따라가본 사람은 내비게이션이 없으면 혼자 그 길을 가지 못한다. 많은 사람들이 떠받드는 가치를 추구하는 사람은 내 삶의 지침을 찾지 못한다. 내 마음과 생각이 이끄는 길로 가고 싶다면 동시효빈을 경계해야 한다.

창조의 법칙 ③ 나만의 수레를 만들어라

/

굶주린 여우가 길을 가다가 포도가 탐스럽게 영근 포도밭을 보게 되었다. 여우는 몰래 포도밭에 숨어들었다. 여우는 포도를 따먹기 위해 폴짝폴짝 뛰었다. 그러나 포도는 여우가 뛰는 것보다 더 높은 곳에 있었다. 결국 포도를 포기한 여우는 속으로 생각했다. '저 포도는 시다. 저 포도는 시다' 하고 말이다.

〈여우와 신 포도〉의 이야기다. 비록 포도를 먹는 일은 실패했지만 여우는 시도라도 했다. 하지만 우리는 무언가 시작하기도 전에 그 어려움을 생각하는 경향이 있다. 시도해보기도 전에 포기부터 하는 사람이 많다. 과거에도 그랬다. 연암은 조선이 못사는 이유 중 하나가 수레를 쓰지 않기 때문이라고 주장했다. 사람이 하나둘 지나다니는 길은 크게 닦을 필요가 없다. 어깨에 짐을 지고 다니면 역시 큰길이 필요하지 않다. 수레를 이용하면 더 많은 물건을 옮길 수 있지만 그 수레가 움직이기 위해서는 그만큼 넓은 길이 있어야 한다. 길을 닦고 수레를 써야 동맥경화에 걸린 것 같은 조선의 경제에 숨통이 트일 수 있었다. 하지만 사람들은 수레를 만들어보지도 않고 불가능한 일이라며 득달같이 비판만 했다.

그런 점에서 참으로 다행이다. 우리 앞에는 대부분의 길이 닦여 있다. 다만 수레를 가지지 못했을 뿐이다. 아니면 수레를 만들기도 전에 그 힘듦을 먼저 생각하여 지레 포기했는지도 모른다. 이제 자신만의 수레를 만들어보자. 시작은 내게 어떤 수레가 필요한지를 알아보는 것이다. 다음은 그 수레에 물건을 싣는 것이다. 처음부터 아주 많이 실으려고 욕심부리지 말자. 내가 그것을 끌 수 있는 능력이 있어야 한다. 내가 수레를 어디까지 끌 수 있는지 가늠해보자. 그 후에 싣고 가보는 거다. 수레는 점점 더 멀리 갈 것이다. 길은 점점 더 넓어질 것이다. 그 수레를 끄는 나는 더 튼튼해질 것이다. 예전에 할 수 없었던 일, 과거와는 다른 일을 가능케 하는 세 번째 창조의 법칙은 나만의 수레를 만들어 끄는 것이다.

창조의 법칙 ④
형식에 얽매이지 마라

/

연암의 글은 당시 엄청난 반향을 불러일으켰다. 그의 글은 이전과 달랐다. 쉽게 이야기하면 한국의 대중문화가 서태지 이전과 이후로 나뉜다는 것과 비슷하다. 당시 사대부들은 고고한 한시(漢詩)나 옛 성현의 경구를 자신의 글에 적용하는 데 힘을 쏟았다. 그것은 당시를 지배하던 성리학의 영향이었다. 하지만 연암은 자유로운 문체와 신변잡기적인 이야기로 글을 지었다. 그리고 반정(反正)이 일어난다.

'반정'이라 함은 올바른 곳으로 돌아간다는 뜻이다. 조선시대 반정이라 이름 붙인 사건은 세 개가 있었다. 연산군을 몰아내고 중종을 옹립한 중종반정, 그리고 광해군을 폐하고 인조가 왕위에 오른 인조반정, 마지막은 연암의 글 때문에 문체가 어지러워졌다고 해서 일어난 문체반정(文體反正)이다. 연암의 글이 도대체 어땠기에 반정까지 일어났을까.

석치(石癡) 정철조는 사대부로 태어나서 최고의 벼루장이 된 사람이었다. 또한 연암의 절친한 친구였으며 대단한 술꾼이었다. 그 석치가 죽었을 때, 연암은 〈제정석치문(祭鄭石痴文)〉을 짓는다.

> 살아 있는 석치라면 만나서 곡을 할 수도 있고, 만나서 조문을 할 수도 있고, 만나서 꾸짖을 수도 있고, 만나서 웃음을 터뜨릴 수도 있고, 여러 섬의 술을 들이켤 수도 있어서, 벌거벗은 서로의 몸을 치고받고 하면서 꼭지가 돌도록 크게 취하여 너니 내니 하는 것도 잊어버리다가, 마구 토하고 머리가 짜개지며 속이 뒤집어지고 어지러워, 거의 다 죽게 되어서 그만둘 터인데 지금 석치는 정말로 죽었구나. (…) 이 세상에는 인간세상을 한갓 꿈으로 여기면서 노닥거리는 자가 있기 마련이니 그런 자가 석치의 부음을 듣는다면 틀림없이 한바탕 웃어젖힐 게다.
>
> "하하하! 석치가 본래 상태로 돌아갔구나!"
>
> 그러면서 입에 머금었던 밥알이 나는 벌떼같이 튀어나오고 썩은 나무가 꺾어지듯 갓끈이 끊어질 것이다.
>
> "석치! 참말로 죽었단 말이오? 귓바퀴는 이미 뭉그러지고 눈알도 이

미 썩었단 말이요? 정말이지 듣지도 보지도 못한단 말이요? 하기야 젯술을 따라 땅에 붓는 지경이니 마시지도 취하지도 못하겠구려."

이제는 석치의 술친구였던 이들도 두 번 다시 뒤돌아보지 않고 자리를 파하겠지. 그렇게 떠나가서는 자기네들끼리만 어울려 크게 한잔하겠지.

– 연암, 〈제정석치문〉

엄숙하고 슬프고 장엄해야 할 제문(祭文)을 연암은 이렇게 지었다. 해학이 있고 비유가 있고 회상이 있고 그리고 또 살아남은 자의 슬픔이 있다. 생전의 석치를 생각하면 웃음이 나오다가도 그를 잃은 슬픔이 절절히 흐른다. 이런 글은 일반적인 제문의 형식을 따랐다면 나올 수 없는 글이었다.

연암은 형식을 파괴했다. 그리고 그만의 문체를 만들었다. 그에게 글은 아름답고 고상해야만 하는 것이 아니었다. 자신이 하고 싶은 말을, 자신의 느낌을, 자신의 생각을 가장 잘 전달할 때 글이 훌륭해지는 것이었다. 그랬기에 그는 추하거나 비속어라고 여겨지는 말도 쓰기를 주저하지 않았다. 그리고 그 글은 사람들의 마음을 울렸다.

형식은 고정불변의 것이 아니다. 많은 사람들이 따르고, 그래서 익숙하기에 굳어진 정형일 뿐이다. 새로운 것은 정형을 파괴할 때 나온다. 창조는 파괴에 있다. 형식에 얽매이지 마라. 이것이 '누구나'에서 벗어나 온전한 나로 돌아가는 반정의 길이다.

창조의 법칙 ⑤
평범함 속에 비범함이 있다

/

연암은 많은 글을 지었다. 그중 〈민옹전(閔翁傳)〉이라는 작품이 있다. 이 작품은 불우한 무관이었던 민유신이 죽은 뒤 그와의 일들과 그의 일화를 쓴 작품으로 연암집 제8권 《방경각외전(放璚閣外傳)》에 실려 있다.

어느 날 밤 민옹이 여러 사람들과 함께 자리를 하게 되었다. 사람들은 민옹을 골려주려고 어려운 질문을 퍼붓기 시작했다. "귀신을 본 적이 있는가?" 그러자 민옹은 대답한다. "어두운 데 앉아 있는 사람이지." "신선은?" "세상 살기 싫어하는 가난한 사람이야." "그럼 가장 맛 좋은 것은?" "소금." "불사약은 뭐게?" "밥이지." "가장 무서운 것은 무엇인가?" "자기 자신이지." 민옹은 자신만의 명쾌한 대답을 이어갔다.

또 연암이 우울증에 걸렸을 때 민옹을 모셨다. 연암은 민옹에게 자신의 병을 토로한다.

"저는 단지 밥을 잘 먹지 못하고 밤에 잠을 잘 못 자는 것이 병입니다."

그 말을 들은 민옹이 갑자기 연암에게 축하한다고 했다. 그러자 연암은 깜짝 놀라며 되물었다.

"어찌 옹께서 제게 축하를 하십니까?"

"그대는 집이 가난한데 다행히도 밥 먹기를 싫어하니 재산이 남아돌 게 아닌가. 잠을 못 잔다면 밤까지 삶을 사는 것이니 남들보다 곱절을 사는 셈인 거지. 재산이 남아돌고 남보다 곱절을 산다면 다섯 가지 복 가운데 오래 사는 수(壽)와 부자인 부(富)를 갖춘 것이 아닌가?"

민옹을 통해 연암은 평범한 속에서 비범함을 찾아낸다. 사람들은 귀신이라고 하면 초자연적인 것을 떠올리고 맛있는 것을 꼽으라면 산해진미 중에서 고민할 것이다. 하지만 민옹은 그러지 않았다. 어두운 곳에 앉아 있는 사람이 귀신이고 가장 맛있는 것은 소금이며 가장 무서운 존재는 자기 자신이라고 했다. 연암의 우울증 또한 전혀 다른 각도에서 해석했다.

평범한 것은 평범하다고 생각하기 때문에 평범해지는 것이다. 특별하다고 대접받는 것은 특별하다고 생각했기 때문에 특별해진 것이다. 나라는 존재 역시 마찬가지다. 중요한 것은 자신에게서 무엇을 끌어올릴 수 있느냐이다. 끌어올린 그것은 창의일 수도 있고 개

성일 수도 있으며 또 새로운 나에 대한 발견일 수도 있다. 중요한 것은 그것이 무엇이든 이전에 없던 것을 끌어올린 사람은 전과 다른 사람이 될 것이고 그 자체로 특별해진다는 점이다.

애완용 돌과
한정판 쓰레기
/

연암은 오직 나라를 위해 공부했다. 어떻게 하면 백성이 잘사는 나라를 만들 수 있을지를 고민했다. 성리학자들의 관념적인 학문은 그에게 아무런 의미가 없었다. 이(理)가 무엇인지 기(氣)가 무엇인지, 이와 기가 하나에서 비롯되었는지 둘이 따로 떨어져 있는지를 따지는 것은 좋다. 그러나 그 논의는 그것으로 끝나면 안 된다. 그것이 세상을 이롭게 하는 실용적인 측면으로 발전해야 한다. 그것이 연암의 생각이었다. 그는 글을 읽고 실용을 모르면 학문이 아니라고 했다. 실용이 없는 학문은 죽은 학문이었다. 그래서 연암의 공부에는 커다란 원칙이 있었다. 그것은 바로 백성을 넉넉하게 하고 나라를 이롭게 하는 '유민익국(裕民益國)', 백성이 사용하는 기구를 편리하게 하고 의식을 넉넉하게 하여 생활을 윤택하게 하는 '이용후생(利用厚生)'이었다.

조선은 기술자가 대접받지 못하는 사회였다. 관념적인 학문이 실질적인 기술을 누르고 있었다. 상업도 마찬가지였다. 그런데 양반인 연암이 상업과 공업의 발전을 주장했다. 이유는 간단하다. 그것이 조선이 가진 문제를 해결할 수 있다고 생각했기 때문이다. 그리고 그 근본에는 실용이라는 정신이 있다. 실용을 위해서 그는 조선의 사대부들이 그토록 천시하는 청나라에서도 배울 것이 있으면 배워야 한다고 주장했다. 마치 덩샤오핑이 검은 고양이와 흰 고양이의 구분이 중요하지 않다고 말한 것처럼 말이다. 1962년 중국은 2차 대약진운동의 실패로 4천만 명의 사람들이 굶어 죽는다. 중국의 그 긴 암흑의 터널은 덩샤오핑의 집권과 개혁개방운동으로 새로운 전기를 맞기 시작했다. 덩샤오핑은 그런 말을 했다.

"흰 고양이든 검은 고양이든 막론하고 쥐를 잘 잡는 좋은 고양이를 움켜쥐면 된다."

여기엔 사회주의든 자본주의든 중국 인민을 잘살게 하는 것이 가장 중요하다는 뜻이 숨어 있었다. 연암의 의도 역시 마찬가지였다. 중요한 것은 그것으로 백성이 넉넉하고 나라가 강해지는 것이지, 오랑캐의 것이냐 아니냐가 아니었다.

그런 의미에서 연암과 장자는 그 뜻이 통한다고 할 수 있다. 두 사람은 모두 다름, 즉 차별화의 중요성을 설파한다. 연암이 많은 사람들이 걷는 길과 다른 길을 걸음으로써 세상을 바꿀 수 있다고 주장했다면, 장자는 사물을 다르게 보고 다르게 씀으로써 그것의 가치를 바꿀 수 있다고 강조한다.

> 송나라 사람 중에 손이 트지 않게 하는 약을 가진 사람이 있었는데, 그 사람은 대대로 세탁업에 종사했다. 한 손님이 그것을 듣고 약을 만드는 방법을 백금에 사고자 하니 주인이 가족과 함께 의논하기를 "우리가 대대로 세탁업을 했지만 번 돈이 몇 푼에 불과했는데, 이제 백금을 준다고 하니 그것을 팝시다" 했다. 손님이 약 만드는 방법을 가지고 오나라로 가 오왕을 설득했다. 때마침 월나라와 전쟁이 있었는데, 오왕이 그를 장수로 삼아 싸우게 했다. 겨울에 월나라와 물에서 전쟁을 벌였는데, 월나라를 대패시켰다. 그래서 오왕은 그를 제후로 삼았다. 손이 트지 않게 하는 방법은 한 가지이지만 어떤 사람은 이것으로 제후가 되고 어떤 사람은 세탁업을 면치 못하게 되는 것은 쓰는 방법이 달랐기 때문이다.
>
> – 장자, 《장자》

같은 물건을 가지고 누구는 세탁업을 하고 누구는 제후가 된다. 그 이유를 장자는 분명히 말한다. "쓰는 방법이 달랐기 때문"이다. 물건이 달라졌기 때문이 아니다. 똑같은 물건이지만 달리 썼기 때문이다.

때로는 그것이 무엇이냐가 아니라 그것이 어떤 맥락에 있느냐가 가치를 결정한다. 강가에 널려 있는 돌도 마찬가지다. 누구에게는 그저 강가의 돌일 뿐이다. 하지만 수석을 수집하는 사람에게는 보물창고나 다름없다. 그런데 또 어떤 사람은 돌을 키우기도 한다. 1970년대 미국의 게리 로스 달(Gary Ross Dahl)은 친구들과 이야기를 하고 있었다. 그때 다른 친구들이 반려동물을 키우는 어려움을 토로했다. 그러자 달은 자기에게는 시간 맞추어 밥을 주거나 배설물을 치우지 않아도 되는 반려동물이 있다고 했다. 친구들이 모두 의아해 그것이 무언지 묻자, 달은 자신은 돌을 키운다고 했다. 달은 진짜로 '펫락(Pet Rock)'이라고 해서 애완용 돌을 팔아 떼돈을 벌었다. 거기엔 혈통증명서가 있었는데 그 돌이 피라미드와 만리장성의 후예라고 했다. 간단한 훈련법도 함께 있었다. 가장 잘 알아듣는 말은 "가만히 있어"이고 경사진 곳에서는 구르기를 훌륭하게 수행한다는 것이었다.

다르게 보면 다른 것이 보인다. 하찮게 보이는 돌멩이에서 유구한 역사를 발견할 수도 있고 그 돌멩이가 훌륭한 동반자가 될 수도 있다. 요즘엔 'USB 펫락'이 나왔다고 한다. 돌멩이에 USB를 연결할 수 있도록 한 것인데, 반전은 USB를 연결해도 아무런 반응이 없다는 것이다.

미국의 저스틴 지냑(Justin Gignac) 역시 다른 시각을 통해 다른 가치를 만들어낸 인물이다. 그는 뉴욕의 쓰레기를 팔았다. 뉴욕에서 나온 종이컵이나 전단지 등 쓰레기를 아크릴 통에 담아 팔았다. 겉엔 '100퍼센트 뉴욕의 쓰레기'라는 이름을 붙였다. 또 특별한 행사가 있는 날에는 행사장에서 나온 쓰레기를 한정판으로 판매했다. 결과는 대성공이었다.

전 세계에서 1년 동안 생산되는 연필의 수는 150억에서 200억 개에 달한다고 한다. 연필의 주재료는 흑연과 나무다. 하지만 1565년 스위스의 박물학자이자 서지학자였던 콘라트 게스너(Konrad von Gesner)가 나무와 연필을 결합하기 이전까지 연필은 그저 흑연 막대기에 불과했다. 그리고 현재와 같은 다양한 심의 연필이 나온 것은 프랑스의 과학자이자 화가인 니콜라 자크 콩테(Nicolas-Jacques Conté)가 1795년 흑연 가루와 점토를 혼합하면서부터다. 흑연 가루와 점토의 혼합 비율에 따라 더 딱딱하거나 더 부드러운 연필심을 만들 수 있게 되었다. 이처럼 우리가 지금 당연하게 쓰는 것들은 모두 그냥 만들어진 것이 아니다. 다른 눈, 다른 생각이 있었기에 다른 물건이 탄생한 것이다. 그건 지우개가 달린 연필도 마찬가지다.

가난한 화가 지망생이었던 열다섯 살의 하이멘 립먼(Hymen Lipman)은 데생을 하던 중 잘못된 부분을 고치려고 지우개를 찾았다. 하지만 어디에 두었는지 지우개가 보이지 않았다. 매번 지우개를 찾는 수고가 번거로웠던 그는 지우개를 실에 꿰어 연필에 매달았다. 여기에서 지우개 달린 연필이 탄생했다. 생활을 바꾼 발명품 중에는 이렇듯 아주 간단한 생각으로 만들어진 것이 많다. 이 간단한 생각, 우리는 이를 '창의성'이라고 부른다.

돌이나 쓰레기는 누구나 보는 것이다. 그러나 대부분은 거들떠보지 않는 것이다. 내 앞에는 수많은 사물이 있다. 중요한 것은 그 사물에서 무엇을 찾아내느냐이다. 다시 말해 어떤 가치를 부여하느냐이다. 같은 사물이라도 내가 어떤 가치를 부여하는가에 따라 전혀 다른 것이 된다. 그럼 어떻게 이런 능력을 키울 수 있을까. 간단하다. 길가는 것들을 보라. 그리고 상상하라. 그것이 다른 무엇이 되는 것을 상상해보라. 움푹 팬 돌이 있다면 화분이 된다고 상상하면 된다. 굴러다니는 전단지가 있다면 그 전단지가 만들어진 과정을 상상해보라. 그리고 또 생각을 넓혀보라. '나라면 문구를 이렇게 썼을 텐데, 이 사진 말고 다른 사진을 썼을 텐데, 이 전단지를 모아서 종이접기를 해볼까?' 상상은 무궁무진하다.

우리는 연암과 장자로부터 가능성을 배운다. 양반도 백성을 위할 수 있고, 학자도 학문보다 실용을 중시할 수 있고, 돌도 반려동물이 될 수 있고, 쓰레기도 인기상품이 될 수 있다는 가능성을 배운다. 그렇다면 나도 얼마든지 새로운 존재가 될 수 있다는 가능성을 배우는 것이다. 기억하자. 당연한 것을 당연하지 않게 바라볼 때, 여기에만 있어야 할 것이 저기에 있을 때, 이것으로만 쓰여야 할 것이

다른 것에 쓰일 때, 서로 붙어 있지 않아야 할 것이 붙어 있을 때, 그럴 때 새로운 것이 나타난다.

의지

"너의 길을 가라, 남이야 뭐라든!"

: 마르크스의 '집념의 엉덩이'와 김득신의 '바보 독서법' :

나를 가장 지치게 하는 것은 무엇일까? 아무리 열심히 일해도 오르지 않는 월급? 죽어라 발버둥쳐봤자 달라지지 않는 현실? 나는 결코 해낼 수 없다는 뿌리 깊은 패배감? 결국 해낸다 한들 아무것도 바뀌지 않을 거라는 암울한 전망?

맥 빠지는 이야기지만, 아마도 그 모두일 것이다. '내가 과연 할 수 있을까? 정말로 해야 하는 것일까? 이것이 무슨 의미가 있나?' 지금 자신이 하고 있는 일에 대한 회의, 그리고 나 자신에 대한 회의는 영혼을 야금야금 잠식해오고 결국 모든 사고와 행동을 멈추게 만들곤 한다. 회의감이 밀려드는 순간, 엉덩이가 들썩이고 입술이 마르며 내가 쓸모없는 일에 인생을 낭비하고 있는 것 같다는 생각에 불안해진다. 내가 현실에 참여하지 못한, 소외된 인간이라는 격한 감정에마저 휩싸이게 된다.

이런 회의는 데카르트의 회의와는 다르다. 데카르트의 회의는 자신이 알고 있다는 것에 대한 물음이며 의문이다. 더 단단한 논리를 위한 긍정의 의심이다. 하지만 이런 회의는 자신을 갉아먹는다. 스스로의 존재에 대한 부정적 의심이기 때문이다. 데카르트의 회의가 진리에 도달하기 위해, 논리로 무장한 나를 만들기 위해 반드시 거쳐야 할 과정이라면 이런 회의는 계속 해나가기 위해, 바라는 변화를 이끌어내기 위해 반드시 떨쳐내야 할 숙제다. 그리고 마르크스는 의지와 집념으로 부정적 회의를 이겨낸 인물이다.

계란으로
바위를 치다
/

그의 정확한 이름은 '카를 하인리히 마르크스'다. 하지만 아직도 '칼 맑스'로 표기하는 사람들이 많다. 그건 예전 우리가 그를 그렇게 불렀기 때문이기도 하고, 그의 사상에 충격받았던 젊은 날을 아직 간직하고 싶기 때문이기도 할 것이다. 이런 말이 있다.

"20대에 마르크스주의자가 아니면 바보고, 40대에도 마르크스주의자면 바보다."

마르크스는 빈부격차가 없는 평등한 세상을 꿈꿨다. 혈기왕성한 20대는 그런 세상을 꿈꾼다. 마르크스가 그리는 세상에는 피가 끓는다. 그런 세상을 향해 나아가려 한다. 그러나 곧 그것이 너무도 큰 이상이라는 사실을 깨닫는다. 그리고 현실로 돌아오고 만다. 그래서 40대에도 마르크스주의자면 바보 취급을 받는다. 어떻게 보면 마르크스가 품은 세상은 유토피아(utopia)와 같다. 유토피아는 그리스어 'ou'와 'topos'의 복합어다. 'topos'는 장소를 뜻한다. 그리고 'ou'는 없다는 뜻이다. 그래서 유토피아는 어디에도 없는 곳이란 뜻이다. 토머스 모어가 쓴 책 제목이자, 우리가 이상향을 이야기할 때 쓰는 유토피아는 어디에도 없는 땅이라는 뜻을 가지고 있다.

그런데 의문이 생긴다. 우리가, 아니 사람이, 아니 인류가 항상

'되는 일'만을 해왔을까? '있는 곳'만을 꿈꿔왔을까? 당연히 그렇지 않다. 인류의 역사는 실패의 역사다. 과학에서 한 번의 실험으로 얻어진 것은 없다. 수많은 실험을 반복하면서 과학은 새로운 법칙과 새로운 물질을 발견해냈다. 그럼 그 수많은 실험을 실패라고 규정지어야만 할까. 비록 새로운 법칙과 새로운 물질을 발견해내진 못했지만, 그 실험들은 오류와 문제점을 찾아냈다. 오류와 문제점을 알아냈기에 수정할 수 있었고, 그래서 결국 새로운 법칙과 물질을 발견할 수 있었다. 그렇기에 그것은 실패가 아니라 성공으로 가는 과정이었다. 도전하지 않으면 실패도 없다. 실패하지 않으면 오류를 발견할 수 없다. 오류를 알지 못하면 성공하기 어렵다.

'오우천월(吳牛喘月)'이라는 사자성어가 있다. 오나라의 소는 달만 보아도 헐떡거린다는 뜻이다. 옛날 중국의 강남 일대는 오나라의 영역이었는데, 그곳에 사는 소는 더위를 몹시 탔다. 해를 두려워한 소는 달만 떠도 해가 뜬 줄 알고 헐떡거렸던 것이다. 달을 해로 착각하는 바보 같은 소라고 비웃을지도 모른다. 하지만 '오우천월'이라는 말에는 지레 겁먹는 사람들의 모습이 담겨 있다. 어떤 일이 일어나기도 전에, 어떤 일을 하기도 전에 걱정부터 하고 두려워하는 사람이 있다. 그래서 그 일이 일어나기도 전에 도망치고 만다. 일을 해보기도 전에 포기부터 한다.

생각해보자. 나는 그런 적이 없을까? 저 길을 가고 싶다고 생각하면서도 그 길이 고되고 힘겨울까 지레 겁먹고 포기한 적은 없었나? 자라 보고 놀란 가슴 솥뚜껑 보고 놀란다고, 한 번의 좌절에 움츠러든 채 새로운 도전은 아예 꿈꾸지 못하고 있지는 않은가?

마르크스를 좋아하건 좋아하지 않건, 그의 사상에 동의하건 동의하지 않건, 그의 삶과 그의 사상이 일치하건 일치하지 않건, 부인할 수 없는 사실은 그가 20세기에 가장 큰 영향을 미친 사상가라는 점이다. 무엇보다 마르크스는 엄청나게 큰일을 시작한 사람이다. 계란으로 바위 치기를 시작했고, 그 자신이 계란이 되었다. 그리고 그 결과, 수많은 계란들이 바위에 부딪치게 만들었다. 그 계란들이 한 방울 한 방울 떨어지는 물처럼 바위를 뚫게 했다.

《자본론》을 지배하는 '쫄지 마!' 정신

/

마르크스는 1818년 5월 5일 독일 라인 주에서 태어났다. 마르크스의 아버지는 변호사였고 어머니는 대가족을 무리 없이 꾸려나갔다. 마르크스 역시 그런 가정에서 교양 있는 젊은이로 자라났다. 그런데 독일의 9년제 중등 교육기관인 김나지움을 졸업할 당시 마르크스가 썼던 에세이가 심상치 않다.

마르크스는 1835년 열일곱 살에 쓴 〈직업 선택을 앞둔 한 젊은이의 고찰(Betrachtung eines Jünglings bei der Wahl eines Berufes)〉에서 "우리는 우리가 소명을 받았다고 믿는 자리를 반드시 얻지는 못한다. 사회에서 우리의 관계들은 우리가 그 관계들을 규정할 위치에 이르기 전에 이미 어느 정도 확립되어 있기 때문이다"라고 말한다.

고작 열일곱 살의 나이에 마르크스는 우리가 가지고 싶은 직업을 우리가 항상 가질 수 없는 이유에 대해 생각했다. 그리고 그 이유는 사회의 구조가 우리를 제한하기 때문이라고 명철하게 꿰뚫었다. 물론 우리도 사회 구조가 우리를 제한하고 있다고 깨달았다. 마르크스보다 어렸을 때일 수도 있고, 더 나이들었을 때일 수도 있다. 중요한 것은 '언제' 깨달았느냐가 아니다. 깨달음 후에 '무엇을' 했느냐다. 우리 대부분은 '내 의지와 노력으로 유리 천장을 깨겠다'거나 '어차피 될 수 없으니 차선을 선택하는 것이 낫다'고 생각했다. 이런 생각들은 사회의 구조를 벗어나지 못한다. 구조 안에서 개인이 선택하는 것이지, 구조 자체를 바꾸려는 것은 아니기 때문이다.

마르크스가 열일곱 살에 이미 사회 구조를 바꾸겠다고 결심한 것인지는 알 수 없다. 하지만 마르크스가 그때 사회 구조의 모순을 인식한 것만은 분명하다. 그리고 이후 그는 사회 구조를 바꾸기 위해 평생을 바쳤다. 여기에 결정적인 한 방이 있다. '쫄지 마!' 정신이 그것이다. 마르크스는 《자본론》 서문에서 이렇게 말한다.

> 나는 과학적인 비판에서 나온 의견이라면 무엇이든 환영한다. 그러나 내가 한 번도 양보한 일이 없는, 이른바 여론이라는 편견에 대해서는 저 위대한 피렌체인 단테가 남긴 다음과 같은 말을 변함없이 나의 좌우명으로 삼을 것이다.
>
> "너의 길을 가라, 남이야 뭐라든!"
>
> – 마르크스, 《자본론》

너의 길을 가라, 남이야 뭐라든! 사실 누구나 쉽게 할 수 있는 말이다. 남에게 휘둘리지 말고 자신만의 길을 가라는 조언을 귀에 못이 박히도록 들어왔다. 그럼에도 마르크스의 이야기가 깊은 울림을 주는 이유는, 그가 이 말을 자신의 삶을 통해 스스로 구현해냈기 때문이다.

마르크스는 '남이야 뭐라든' 자신의 공부를 선택했다. 그리고 매진했다. 결코 쉬운 일은 아니었다. 우리도 그런 경험이 있다. 학교에서, 학원에서, 고시원에서, 직장의 보이지 않는 한구석에서 눈물 젖은 컵라면에 목이 막혀 꺽꺽대본 일이 있다. 이때 안 된다고 돌아선 사람이 있고, 끝장내보겠다고 버틴 사람이 있고, 내 길을 찾겠다고 박차고 나선 사람도 있을 것이다. 하지만 그 모든 길이 마르크스가 선택한 길보다 어렵다고는 할 수 없을 것이다. 사회를 바꾸는 일은 사회에서 성공하는 것보다 훨씬 어려운 일이기 때문이다.

대영박물관 열람실 좌석 G7의 비밀

/

마르크스의 비문에는 이렇게 적혀 있다.

> 만국의 노동자들이여 단결하라!
>
> 철학자들은 지금까지 여러 가지 방법으로 세계를 해석해오기만 했다.
>
> 그러나 중요한 것은 세계를 변혁시키는 것이다.
>
> – 마르크스 묘비명

마르크스의 목표는 세상의 구조적 모순을 부수는 것이었다. 그래서 노동자의 삶을 바꾸고 노동자가 착취당하지 않는 사회를 만드는 것이었다. 그의 평생 공부는 《자본론》에 녹아 있다. 그가 파악하기에 노동을 착취하는 존재는 자본이었다.

영화에 자주 등장하는 소재 가운데 하나가 납치당한 인질의 구출이다. 특공대는 인질을 구출하기 위해 작전을 짠다. 그 작전에서 빠지지 않고 등장하는 물건이 또 있다. 인질이 갇혀 있는 건물의 설계도다. 설계도 없이는 안으로 들어갈 수 없다. 들어간다 해도 길을 모르는 특공대는 적에게 발각되어 전멸하고 말 것이다. 마르크스에게 노동은 자본에게 붙잡힌 인질과 같은 것이었다. 인질을 구하기 위해 설계도를 찾았지만, 설계도는 존재하지 않았다. 그래서 마르크스는 스스로 설계도를 만들기 시작했다.

그는 먼저 타깃을 설정했다. 인질이 잡혀 있다고 여겨지는 건물은 하나가 아니었다. 1830년대와 1840년대 마르크스는 먼저 헤겔을 공부했다. 하지만 곧 여기에 모순을 느끼고 결별을 선언한다. 헤겔의 철학은 인질이 잡혀 있는 그 건물이 아니었다. 그동안 마르크스가 다니던 〈라인신문〉은 폐간되었다. 독일에서 쫓겨나 프랑스로 갔고 프랑스에서도 쫓겨나 브뤼셀로 갔다가 마지막엔 영국으로 향했다. 그 와중에 마르크스는 엥겔스와 함께《공산당 선언》을 발표했다.

20년 동안 마르크스는 탐문했고 시도했고 경험했으며 공부했다. 그리고 비로소 자신이 깨부숴야 할 목표가 '자본'이라는 건물임을 깨닫는다. 하지만 목표가 생겼다고 공부가 쉬워진 건 아니었다. '자본'은 철옹성처럼 파고들기 힘든 문제였다. 다시 마르크스는 10년 동안 공부를 한다.

대영박물관 열람실은 마르크스의 서재였고 자료실이었으며 또 사상의 요람이었다. 마르크스는 그곳에서 살았다고 해도 과언이 아니다. 경제적인 궁핍이 있었고 개인적인 불행도 있었지만, 그야말로 '집념의 엉덩이'로 책상 앞에 앉아서 책을 읽고 생각을 정리하고 글을 썼다.《내가 공부하는 이유(人はなぜ學ばなければならないのか)》에서 사이토 다카시(齋藤 孝)는 영국에 망명한 마르크스가 30여 년 동

안 하루도 거르지 않고 대영박물관의 도서관을 찾았다고 말한다. 마르크스는 도서관이 문을 여는 오전 열 시부터 오후 여섯 시까지 좌석 번호 'G8'을 지켰다고 한다. 물론 이 이야기를 전적으로 신뢰할 수 있는 것은 아니다. 당시 대영박물관 도서관에는 지정석이 없었고 또 마르크스가 자주 찾았던 좌석은 'G8'이 아니라 'G7'이라는 기록도 있기 때문이다. 하지만 중요한 것은 좌석 번호가 아니라 그가 이런 일화를 남길 정도로 집요하게 연구를 했다는 사실이다. 마르크스는 1867년 마침내 《자본론》 1권을 내놓는다. 불행히도 마르크스는 《자본론》 2, 3권을 완간하지 못하고 세상을 떠난다. 하지만 그가 만든 자본에 대한 설계도는 이미 세상의 변화를 예고한 것이었다.

마르크스의 공부는 1, 2년에 끝날 것이 아니었다. 세계를 변화시키고자 하는 사람의 공부는 또 그래야만 했을 것이다. 마르크스는 포기하지 않았다. 멈추지도 않았다. 묵묵히 자신의 길을 걸어갔다. 쫄지 않고, 뚝심 있게, '남이야 뭐라든!' 말이다. 마르크스가 우리에게 전하는 메시지는 결국 이것이다. 길을 찾았다면 쫄지 말고 나아가라. 가기 시작했다면 멈추지 마라. 멈추지 말라는 것을 오해하지 마라. 천천히 가도, 잠시 쉬어가도 그 길을 간다면 멈추는 것이 아니다. 늦게 가면 과정이 보인다. 보지 못한 것을 보고 만나지 못한 것을 만날 수 있게 된다. 늦게 갔다고 그 이름이 적은 것도 아니다. 《노자》에는 이런 말이 나온다.

밝은 도는 어두운 것 같고, 전진하는 도는 후퇴하는 것 같으며, 평탄한 도는 기복이 있는 것 같고, 최상의 덕은 깊은 골짜기처럼 빈 것 같으며, 너무 흰 것은 때가 끼어 검은 것같이 보이고, 큰 덕은 부족한 것 같으며, 건실한 덕은 구차한 것같이 보인다. 무한대의 네모는 모퉁이가 없고, 큰 그릇은 이루어지는 것이 늦으며, 큰 음은 귀로 들을 수 없고 커다란 모습, 즉 도에는 형체가 없다.

– 노자, 《도덕경》

모자라지 않은 사람은 없다. 모자라기 때문에 노력하는 것이다. 다만 모자람을 채우기도 전에 포기한다는 것이 문제다. 마르크스는 그러지 않았다. 모두가 포기하라고 했을 때, 스스로도 포기해야 하지 않을까 의심이 들었을 때도 그는 포기하지 않았다. 그가 포기한 단 한 가지는 바로 '포기하는 일'이었다.

한 권의 책을 11만 3천 번 읽은 바보

/

그리고 여기 남이야 뭐라든, 자신만의 길을 간 또 한 명의 인물이 있다. 김득신이 바로 그 주인공이다. 김득신이라고 하면 생소하게 느끼는 사람이 많다. 그의 아버지는 김치이고 그의 할아버지는 김시민이다. 이렇게 이야기해도 고개를 갸웃거리는 사람이 많을 것이다. 임진왜란 때 진주성 전투를 이끌었던 장군이 김시민이다. 김치는 경상도 관찰사를 지냈다.

김득신은 쉰아홉의 나이에 과거에 급제해서 벼슬길에 올랐다. 늦어도 너무 늦었다. 하지만 다산 정약용은 그를 일러 "문자가 만들어진 이래 상하 수천 년의 시각과 종횡으로 3만 리 드넓은 지구상에 독서에 열심이고 굉장한 분 가운데 백곡(栢谷)을 으뜸으로 쳐야 할 것이다"라고 말했다. 비록 벼슬은 늦었을지 모르지만 백곡 김득신은 조선 최고의 독서왕으로 꼽히는 당대의 시인이었다. 그리고 무엇보다 중요한 것은 그가 포기하지 않는 인물이었다는 점이다.《중용》에 '백천지공(百千之功)'이라는 말이 나온다. 김득신은 이 말의 표본이라고 할 수 있다.

> 배우지 않음이 있을지언정 그것을 배우면 능해지지 않고는 그대로 두지 않는다. 묻지 않음이 있을지언정 그것을 물으면 알지 않고는 그대로 두지 않는다. 생각지 않음이 있을지언정 그것을 생각하면 얻지 않고는 그대로 두지 않는다. 분별하지 않음이 있을지언정 그것을 분별하면 밝게 되지 않고는 그대로 두지 않는다. 행하지 않음이 있을지언정 그것을 행하면 독실하지 않고는 그대로 두지 않는다. 남이 한 번

> 해서 그것에 능하다면 자기는 그것을 백 번 하고, 남이 열 번 해서 그것에 능하다면 자기는 그것을 천 번 한다.
>
> – 자사(子思), 《중용》

김득신은 소위 말하는 바보였다. 어렸을 때 천연두를 앓았던 그는 앉아서 들었던 것을 서면 잊어버리는 사람이었다. 다른 누구는 세 살이면 글을 깨우쳤다는데 김득신은 열 살이 되어서도 《십구사략》이라는 어린이 기본서 첫 장을 떼지 못해 전전긍긍했다. 심지어 주위에서는 김득신의 아버지에게 왜 글을 가르치느냐며 포기하라는 말까지 했다. 그러나 김득신은 포기하지 않았다. 그럼 그는 어떻게 했을까? 읽고 또 읽었다. 아니 이 표현은 좀 다르게 해야 한다. 그는 읽고 잊고, 읽고 잊고, 다시 읽고 잊고 또 읽었다. 김득신의 문집인 《백곡집(栢谷集)》에는 '독수기(讀數記)'라는 것이 있다. 독수기라고 하면 읽은 횟수를 기록했다는 것이다. 여기엔 36편의 목록이 있다.

김득신은 이 36편을 몇 번 읽었을까. 그는 만 번 이상 읽지 않은 책은 넣지 않았다. 《장자》나 《중용》, 《대학》은 많이 읽었으나 만 번을 넘지 않았기에 독수기에 싣지 않았다고 했다. 특히 그는 《사기》의 〈백이전〉을 좋아했는데, 이 편은 1억 1만 3천 번을 읽었다고 했다. 당시 1억은 만의 열 배인 10만을 의미했다. 그러니까 그는 〈백

이전〉을 11만 3천 번 읽은 것이었다. 그래서 그의 서재 이름도 '억만재(億萬齋)'였다.

김득신은 말 그대로 백천지공을 실천했다. 아니 김득신은 백천지공이 아니라 억만지공을 했다고 봐야 옳다. 그런데 우리는 여기에서 숫자의 함정에 빠지지 말아야 한다. 김득신은 잊고 또 잊었기에 알고 이해할 때까지 그렇게나 여러 번 읽어야 했던 것뿐이다. 중요한 것은 숫자가 아니라 그가 포기하지 않고 알 때까지 공부했다는 점이다. 포기하지 않는다는 것은 그것을 붙잡고만 있는 것이 아니다. 내 것이 될 때까지 계속한다는 것이다. 김득신은 독수기의 말미에 "이것은 문집 속에 굳이 쓸 것이 아닌데 일부러 기록하였다. 나태한 후손으로 하여금 곳곳마다 보게 하여 선조께서 부지런히 배운 것을 알아 그 만의 한 가지 뜻이라도 계승토록 하고자 한 것이다"라고 적는다. 그 한 가지 뜻은 또《중용》과 통한다. 독수기의 마지막 문장에는 이런 말이 있다.

"이 도에 능하다면 비록 어리석다 하더라도 반드시 밝아질 것이며 비록 유약하다 하더라도 반드시 강해질 것이다."

포기하지 않고 끝까지 노력하면 결국 얻게 된다. 김득신은 이를 실천으로 보여준 사람이었다. 그런 김득신에게 가장 큰 힘이 되어준 이는 다름 아닌 아버지 김치였다. 아버지는 아들에게 이야기한다. "너는 너의 길을, 너의 공부를 멈추지 말라." 김득신은 멈추지 않았다. 김득신은 아버지의 말에 대한 대답을 자신의 묘비명으로 대신하고 있다.

> 재주가 남만 못하다고 스스로 한계를 짓지 말라.
> 나보다 어리석고 둔한 사람도 없겠지만 결국에는 이룸이 있었다.
> 모든 것은 힘쓰는 데 달렸을 따름이다.
>
> – 김득신 묘비명

'단단한 나'를 만드는 힘의 마지막으로 '의지'를 말하는 이유가 여기에 있다. 의지란 무엇인가. 어떤 일을 이루려는 적극적인 마음이다. 남들보다 더디고 미련해도 계속 힘쓴다면 그것이야말로 진정 적극적인 것이 아닐까.

네 안에 잠든 거인을 깨워라 /

빨리 밝은 미래를 맞고 싶다. 그런데 생각보다 그런 미래가 빨리 오지 않는다. 이때 내가 택할 수 있는 가장 쉬운 방법은 무엇일까? 포기다. 맹자(孟子)는 말한 바 있다.

스스로 자기를 해치는 사람과는 더불어 이야기할 수 없다. 스스로 자기를 버리는 사람과는 더불어 일할 수 없다. 말로 예의를 비난하는 것을 스스로 자기를 해치는 것(自暴)이라고 하며, 내 몸이 인(仁)에 거하고 의(義)에 따르지 못하는 것을 스스로를 버리는 것(自棄)이라고 한다. 인은 사람의 편안한 집이고, 의는 사람의 올바른 길이다. 편안한 집을 비워두고 살지 않고 바른 길을 버리고 행하지 않으니 안타까운 일이다.

– 맹자, 《맹자》

'자포자기(自暴自棄)'란 말은 여기에서 나왔다. 자포자기란 그냥 포기한다는 말이 아니다. 스스로를 해치고 던져버린다는 뜻이다. 스스로를 해친다는 것은 자신의 가능성을 던져버렸음이다. 스스로를 던져버렸음은 스스로를 더이상 긍정하지 않는다는 것이다. 그러면 아무것도 할 수 없다. 마르크스처럼, 김득신처럼 '포기'를 포기해야 한다. 그래야 스스로를 긍정할 수 있다. 그러면 정말 기적 같은 일이 벌어진다.

소년의 집은 너무 가난하여 이웃들이 나누어준 음식을 먹고 살아야 했다. 아버지는 자신이 무가치한 존재라고 느꼈다. 그리고 아들도 아닌 아버지가 가출을 했다. 소년의 나이가 열한 살일 때였다. 하지만 열한 살의 아이는 아버지와 전혀 다른 것을 느꼈다. 아버지는 이웃의 도움에서 자신의 무기력을 발견했지만 아이는 세상이 아직 따뜻하다고 느꼈다. 그리고 결심한다. 자신도 다른 사람을 돕는 사람이 되겠다고 말이다. 하지만 1980년 열아홉 살이 된 그의 현실은 그야말로 처참했다. 그는 대학교에 들어가지 못한 상태였고, 모아놓은 돈도 없었으며, 성공한 친구도 자신을 이끌어줄 스승도 얻지 못했다. 명확한 목표도 꿈도 없이 움직이기도 힘들 정도로 뚱뚱한 몸으로 하루하루를 연명할 뿐이었다. 그러던 어느 날, 그는 불현듯 열한 살 때의 결심을 떠올리며 결단을 내린다.

"맞아! 나는 현재 나타나 있는 것보다 훨씬 더 큰 존재야. 이젠 알았어!"

시간이 흘러 1997년 그는 국제상공회의소가 뽑은 '세계에서 가장 뛰어난 인물 10인'에 선정되었다. 그는 바로 세계적인 변화심리학가 앤서니 로빈스(Anthony Robbins)다. 로빈스는 저서 《네 안에 잠든 거인을 깨워라(Awaken the Giant Within)》에서 말한다.

"인생을 살아가면서 우리는 한때 가치 있는 삶에 대한 비전을 갖고 있었다. 그것이 성취되길 갈망하면서 언젠가는 충분히 누릴 수 있으리라 꿈꾸었다. 그러나 많은 사람들은 좌절을 겪으면서 더이상 이러한 꿈을 이루려고 노력하지도 않고, 그저 평범한 일상 속에 파묻혀 살아가고 있다. 너무도 많은 사람들이 자신의 꿈과 운명을 새롭게 개척해나가려는 의지를 잃은 채 자신의 능력에 대한 강력한 확신을 잃어버리고 살고 있다."

정리하자면 이렇다. 단단한 나를 만들기 위해서는 '통찰', 즉 나를 포함한 사람과 세상을 읽어낼 줄 알아야 하며, '의심'을 통해 그 무엇에도 흔들리지 않는 확신을 만들어내야 한다. 또한 나와 세상의 가능성을 믿고 '누구나'와는 '다른 나'를 창조하는 일, 즉 '차별화'는 무엇에도 휘둘리지 않는 나를 만드는 과정이다. 그리고 이 모든 것은 '남이야 뭐라든' 내 길을 가겠다는 적극적인 마음, '의지'가 있어야 가능하다.

로빈스는 꿈을 포기한 사람들, 확신을 잃어버린 사람들에게 주문한다.

"인생의 기준을 높여라. 자신의 기준을 높여 절대 그 이하는 만족하지 않겠다고 결심하라!"

인생의 기준을 높일 때, 그 이하는 절대 만족하지 않고 스스로를 단련할 때, 나는 단단해진다.

나는 어떤 시련은 견딜 수 있고,
어떤 시련은 견딜 수 없는지 알지 못합니다.
그러나 여전히 희망은 있습니다.

— 아우구스티누스, 《고백록》 —

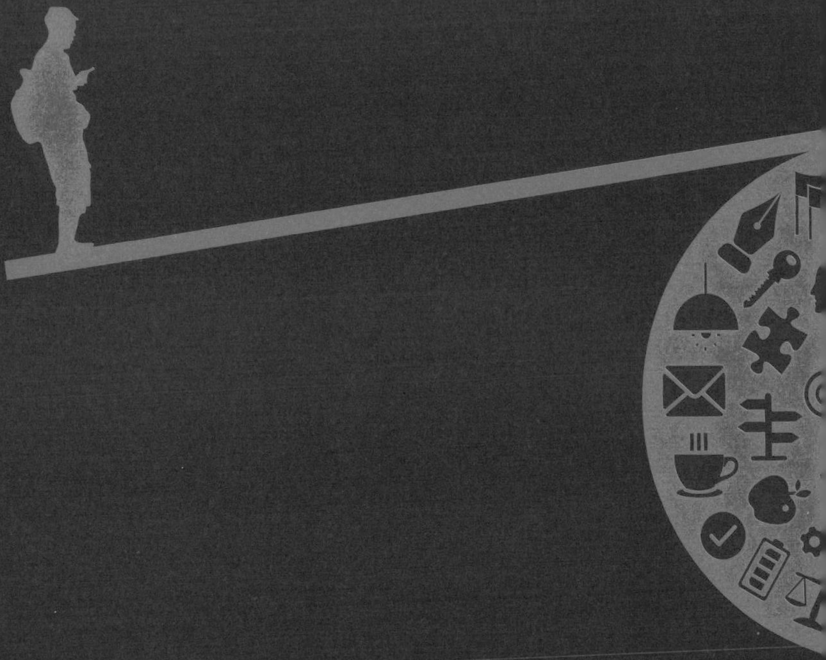

PART 3

'진짜 나'를 사랑하는 기술

도약

내면의 국립공원에 늑대를 초대하라

: 소크라테스와 맹자의 '나로 사는 기술' :

지금도 그 악명을 떨치는 대단한 악처들이 있다. 러시아의 대문호 톨스토이는 부인 소피아의 잔소리로 인해 갈등을 겪었다. 심지어 말년에는 부인과 싸우고 가출까지 감행했다고 한다. 그가 남긴 유언은 "내 장례식에 제발 저 여자만은 데려오지 말라"였다. 하지만 제아무리 소피아가 악처였다고 한들, 이 사람 앞에서는 명함을 내밀지 못할 것이다. 바로 악처의 대명사 소크라테스의 부인 크산티페다.

크산티페는 남편이 철학을 하는 것이 못마땅했다. 하긴 돈 벌 생각은 하지 않고 토론과 대화로 매일을 보내는 남편이 곱게 보일 사람은 많지 않을 것이다. 한번은 소크라테스가 아내의 잔소리와 상관없이 토론에 열중하고 있을 때였다. 자신의 말에 아랑곳하지 않고 토론에 심취한 남편의 모습에 화가 머리끝까지 난 크산티페는, 들고 있던 항아리에 담긴 물을 남편에게 그대로 쏟아부었다. 그런데 소크라테스의 반응이 '가관'이었다.

"천둥이 그리 치더니 기어이 폭우가 쏟아지는구먼. 이것이 자연의 이치지."

크산티페의 잔소리가 너무 심해 주위에서 걱정할 때도 소크라테스는 "물레방아 돌아가는 소리도 귀에 익으면 괴로울 것이 없죠"라고 대답한다. 어느 날은 한 제자가 소크라테스에게 결혼을 해도 좋을지를 물었다. 그때 그의 대답이 또 걸작이었다.

"결혼을 하도록 하게. 온순한 아내를 얻으면 행복할 것이고, 사나운 아내를 얻으면 철학자가 될 거야."

크산티페 이야기에는 분명히 과장된 부분도 있을 것이다. 또 생각해보면 그녀 입장에서는 먼 훗날까지 악처의 대명사로 여겨지는데 억울한 측면도 있을 것이다. 집안을 돌보지 않는 가장을 묵묵히 참아줄 수 있는 사람이 얼마나 되겠는가. 이 이야기를 꺼낸 이유는 크산티페가 얼마나 악처였는지를 말하기 위해서가 아니다. 소크라테스가 얼마나 자신을 사랑했는지를 말하기 위해서다.

소크라테스는 아내 크산티페와의 갈등 속에서도 자신을 잃지 않았다. 그는 그 어떤 상황에서도 철학을 포기하지 않았다. 철학을 포기한다는 것은 곧 자신의 삶이자 생명을 놓는 것과 마찬가지였기 때문이다. 나를 사랑한다면 무엇이 나를 지탱하는지, 무엇이 나를 살게 하는지를 알아야 한다. 그리고 어떻게든 나를 살게 하는 것들을 지켜내야 한다. 소크라테스에게 철학은 곧 자기 자신이자 삶 그 자체였고, 그래서 그는 철학을 그 무엇과도 바꾸지 않았다.

소크라테스는 옷이나 외모에는 전혀 관심이 없었고, 재물과 명예도 그를 유혹하지 못했다. 욕심 없이 오직 진리만 좇으며 열성과 지혜를 쏟는 그의 삶은 많은 사람들에게 감동을 주었고, 아테네 시민들은 그를 '참지혜와 진리로 이끄는 스승'이라고 칭송했다. 심지어 소크라테스는 신의 인정을 받은 사람으로 여겨지기도 했다. 당시

고대 그리스에서는 델포이의 신전에서 신의 뜻을 물어 응답을 받는 일, 즉 신탁이 이루어졌는데 이 델포이 신탁은 “이 세상에서 소크라테스보다 더 현명한 사람은 없다”고 응답했다고 한다. 오직 진리만을 위해 철학을 추구한 삶의 진정성이 신마저 그를 인정할 수밖에 없게 만든 것은 아닐까.

지금껏 나의 삶에
빠져 있었던 그것
/

지금이야 아이를 낳을 때 병원을 찾지만, 고대에는 그런 곳이 존재하지 않았다. 대신 아이를 잘 낳을 수 있도록 도와주는 존재가 있었다. 바로 산파다. 그리고 소크라테스는 산파였다. 아이를 낳도록 도운 것이 아니다. 그는 지혜를 낳도록 도왔다. 소크라테스는 가르치는 사람이 아니었다. 그는 조력자였다. 질문과 대화를 통해 상대가 스스로 인식의 전환을 이룰 수 있도록 이끌어주는 사람이었다. 머릿속의 생각이 잘 나올 수 있도록, 그리하여 그것이 온전히 자신의 지혜로 빛날 수 있도록 돕는 사람이었다. 그래서 그의 교육법을 ‘산파술’이라고도 한다. 소크라테스는 이렇게 말한 바 있다.

“나는 스스로 진리를 낳지는 못하지만, 다른 사람이 진리를 낳는 것을 도울 수 있다."

소크라테스는 서재에 갇혀 있는 철학자가 아니었다. 그의 철학은 열린 광장에 있었다. 너른 광장과 광장을 따라 난 도로, 그리고 그 길을 걷는 사람들, 그 공간과 사람이 모두 소크라테스의 친구였다. 그는 아무 곳에서나, 아무에게나 질문을 던졌다. 질문을 받고 대화에 참여한 상대는 결국 자기 생각의 허점을 스스로 깨닫고 무엇이 참이고 거짓인지 알게 되었다. 그런데 이 대화가 성공하려면 상대가 반드시 알고 있어야 하는 사실이 있었다. 소크라테스의 가장 유명한 말, 바로 "너 자신을 알라"가 그것이다. "너 자신을 알라"의 진정한 의미는 '아무것도 모르는 자신을 똑바로 알라'는 것이다.

소크라테스에 따르면 사람은 자신이 아무것도 모른다는 사실을 진정으로 깨달을 때 한없이 겸손해질 수 있다. 그러면 진리를 열렬히 사랑하게 되고, 또 진리를 얻기 위해 부단히 노력할 수 있다. 바로 그때 사람은 진정한 행복에 도달할 수 있다는 것이 그의 가르침이다. 독일 시인 클라우디우스(Matthias Claudius) 역시 "안다고 생각하고 있는 사람이 똑똑한 것이 아니라, 자기의 모르는 것을 자각하고 있는 사람이 현명한 것이다"라고 강조한 바 있다. 소크라테스는 자신이 다른 철학자보다 나은 점이 있다면 "자신이 아무것도 모른다는 것을 잘 알고 있다는 것"이라고 말했다. 그는 스스로를 똑바로 바라보고 자신의 한계와 단점을 명확히 알았다. 그렇기에 그는 자신과 삶을 자신이 바라고 꿈꾸는 곳으로 도약시킬 수 있었다. 그 힘을 바탕으로 다른 사람 또한 스스로를 직시하고 더 높은 단계로 발전할 수 있도록 도왔던 것이다.

사실 당시 그리스에는 교육의 체계가 제대로 잡혀 있지 않았다. 대신 교육을 담당한 이들은 소피스트들이었다. 소피스트는 하나의 학파를 뜻하는 말이 아니다. 소피스트들은 한곳에 머무르지 않는 일종의 순회 교사들이었다. 그들은 여러 학문을 가르쳤다. 그런데 그들의 가르침에는 한 가지 문제가 있었다. 그들은 오직 물질적 성공과 출세에만 중점을 두고 있었던 것이다. 소피스트들은 진리와 상관없이 성공을 이루기 위해서는 도덕을 무시해도 된다고까지 했다. 지혜를 통해 진리에 다가가는 것이 아니라 자신이 배운 것으로 무엇을 얻느냐가 중요하다고 여겼던 것이다. 이런 환경에서도 소크라테스는 진정한 행복을 위해 진리와 '나'를 외쳤다. 그는 질문을 던지고, 이를 통해 상대가 스스로 자신의 무지를 깨닫고 지혜로 나아가도록 했다.

이런 예는 소크라테스의 제자였던 플라톤이 남긴 《라케스》에 잘 나타나 있다. 《라케스》는 '자녀를 어떻게 교육할 것인가?'부터 '참된 용기란 무엇인가?'까지 이야기한다. 시작은 아테네의 대표적인 무예 연마기술인 '중무장 전투술'을 자녀들에게 가르쳐야 하는지 아닌지에 대한 고민이다. 뤼시마코스와 멜레시아스는 아테네의 유명한 장군인 니키아스와 라케스에게 이와 관련된 조언을 구하게 되고, 여기에 소크라테스가 참여하게 된다. 처음엔 단순히 중무장 전투술을 가르쳐야 하느냐 마느냐의 문제였지만, 대화는 곧 진정한 용기가 무엇인가의 논의로 넘어간다.

> **소크라테스:** 용기가 무엇입니까?
>
> **라케스:** 누군가 대오를 지키면서 적들을 막아내고자 하고 도망치지 않는다면 그는 용감한 사람일 거라는 점을 잘 알아두시오.
>
> — 플라톤, 《라케스》

여기에 소크라테스는 반론을 편다. 스퀴티아나 스파르타의 경우는 자리를 지키며 전투를 하지 않는 경우도 있었다. 소크라테스가 묻는 것은 전쟁에서의 용기만이 아니었다. 소크라테스는 예를 들어주기로 한다. '빠름'이라는 것을 '짧은 시간에 많은 것을 해내는 힘'이라고 이야기하며 용기도 이와 같이 정의해달라고 부탁했다.

> **라케스:** 그러면 그건 내 생각엔, 일종의 '영혼의 인내'인 것 같소. 모든 경우에서 나타나는 그 본성을 말해야 한다면 말이오.
>
> — 플라톤, 《라케스》

하지만 소크라테스는 이에 동의하지 않았다. 참아야 할 때 참는 것은 용기가 될 수 있지만, 참지 말아야 할 때 참는 것은 비굴에 불과하다. 때에 따라서, 맥락에 따라서 인내는 좋은 것도 되고 나쁜 것도 될 수 있다. 소크라테스는 다시 물었다.

> 소크라테스: 제가 보기엔, 선생님은 모든 인내가 다 용기라고 생각하진 않을 것 같은데요.
>
> 라케스: 그렇다면 현명한 인내만이 용기요.
>
> – 플라톤, 《라케스》

하지만 소크라테스는 다시 반박하며, 현명과 인내가 서로 배치되는 상황을 이야기한다. 질 것이 뻔한 전쟁, 되지 않을 게 분명한 일에 몸을 던지는 것은 용기가 아니다. 여기엔 현명함이 결여되어 있다. 그럼 반드시 이길 것 같은 전쟁에 참가한다면 어떨까? 그럼 현명하다고 할 수 있을 것도 같다. 그런데 그런 전쟁에 참여하는 것이 용기일까? 성공이 보장된 일만 하는 것은 현명할 수 있지만 거기엔 용기가 빠져 있다. 결국 대화는 파장을 맞고 만다. 소크라테스와 라케스의 대화는 결론을 맺지 못했지만, 그렇다고 아무 의미가 없었던 것은 아니다. 소크라테스는 끊임없이 질문을 던졌고, 이를 통해 라케스가 생각하지 않았던 부분을 생각하게 했다. 잊고 있었던 부분을 떠올리게 했다. 소크라테스의 질문은 생각의 확장이었고 논리의 결속이었으며 무지에 대한 깨달음으로 나아가는 과정이었다. 그리하여 소크라테스의 질문은 상대를 더 깊고 넓게 만들었다.

그렇다. 질문, 바로 이것이다. 지금껏 내 삶에 빠져 있었던 '그것' 말이다. 소크라테스가 살던 시대의 소피스트들은 지금도 여전히 활개를 치고 있다. 그들은 우리에게 말한다. 그렇게 살면 안 된다고, 그렇게 살아서는 결코 성공할 수 없다고, 더 노력하고 더 열심히 살라고 말이다. 한때는 그런 줄 알았다. 성공한 사람처럼, 즉 내가 아닌 남처럼 살라는 세상의 요구를 따르면 더 성공할 수 있을 거라고, 그래서 더 행복해질 거라고 믿었다. 하지만 이제는 알고 있다. 그렇게 남들처럼 해봤자, 황새를 따라 하다가 가랑이가 찢어진 뱁새 신세에 불과하다는 사실을 말이다. 이제 질문을 던져야 한다.

왜 남들처럼 살아야 하는가? 나는 '그'가 아니라 '나'인데 말이다. 내가 변화해서 도달해야 할 종착지는 '변화한 나', '달라진 나'이지 '그'가 아니다. 내가 아무리 달라져도 남이 될 수 없다. 남이 될 필요도 없다. 이제 우리는 '남'이 되라는 세상의 강요와 오지랖에 '나'로 맞장떠야 한다. 이것이 '진짜 나'로 살기 위한 도약의 시작이다.

우리는 너무 오래 공전의 삶을 살아왔다

/

생각이 크게 달라져야 할 때, 극적인 변화를 꾀해야 할 때 흔히 '코페르니쿠스적 전환'이 필요하다고 말한다. 지구가 우주의 중심이고 태양이 지구를 따라 돈다는 천동설이 과학계를 지배했을 때, 코페르니쿠스는 지구가 자전하며 태양 주위를 움직인다는 지동설을 주장했다. 지금은 당연하게 받아들이는 이론이지만 당시에는 세상의 중심을 뒤흔든 혁명적 주장이었다. 칸트는 과학적 인식의 근거를 '객관'으로부터 '주관'으로 옮겼다는 점에서 코페르니쿠스의 지동설을 높이 평가하며, 사고방식이나 견해가 기존과 크게 달라지는 것을 '코페르니쿠스적 전환'이라고 칭했다.

칸트 이전까지 '인식'은 대상에 의거한다고 여겨졌다. 내가 대상을 인식하는 것이 아니라 대상이 있기에 내가 그것을 인식할 수 있다는 논리였다. 하지만 칸트는 이를 역전시켰다. 그는 대상에 대한 인식이 '주관'에 의거한다고 생각했다. 인식의 근거를 '자신'으로 돌아오게 만든 것이다.

코페르니쿠스적 전환을 다른 말로 하면 수동에서 능동으로의 전환이라고 할 수 있다. 수동적인 존재는 늘 바깥에서 핑계를 찾는다. 물론 외부에 문제가 있을 수도 있다. 하지만 자신이 변하지 않으면 결국 세상도 달라지지 않는다. 능동적인 존재는 다르다. 자신을 중심으로 세상을 바라본다. 이는 독선과 아집이 아니다. 세상의 중심이 나라는 자존감을 획득하는 동시에 문제의 중심 역시 나라는 겸손함을 가지는 것이다.

지금까지 우리는 천동설의 삶을 살아왔는지 모른다. 또한 너무 오랫동안 공전의 삶을 살아왔는지 모른다. 공전이란 무엇인가. 지구가 태양의 주위를 도는 것이다. 그런데 지구는 공전과 함께 자전을 한다. 공전도 자전도 회전을 한다는 측면에서는 모두 같지만, 결정적인 차이는 무엇이 중심이냐다. 공전에서는 태양이 중심이지만 자전에서는 지구, 즉 스스로가 중심이다. 코페르니쿠스적 전환을 토대로 한 자전의 삶, 이것이 지금 내가 추구해야 할 삶이다. 소크라테스가 우리에게 가르쳐주는 삶이다.

소크라테스를 시기하던 사람들은 신을 모독하고 청년들을 타락시켰다는 이유를 붙여 그를 사형에 처한다. 소크라테스는 철학을 포기하면 석방시켜주겠다는 법정의 말을 거부한다. 사람들은 소크라테스가 "악법도 법이다"라는 말을 남겼다고 알고 있지만 이런 기록은 어디에도 남아 있지 않다. 그는 끝까지 자신의 주체를 지키기 위해 독배를 들었다. 이것이 소크라테스가 '나를 사랑하는 방법'이었다. 그는 삶과 생각의 중심에 오직 '나'를 두었다. 그 어떤 강요나 협박도 '나'를 흔들거나 이끌 수 없도록 하였다. 설사 목숨을 잃더라도 나를 잃을 수는 없었기에, 그는 철학을 포기하면 석방시켜주겠다는 법정의 제안을 거부했던 것이다.

'1:29:300'의 법칙과 늑대

/

소크라테스는 중심을 지키는 삶, 나로 사는 삶의 중요성을 알려주었다. 그렇다면 자신을 중심으로 세상을 바라보기 위해, 그래서 '진짜 나'로 사는 도약을 이루기 위해 무엇이 필요한가.

'1:29:300'이라는 법칙이 있다. '하인리히 법칙(Heinrich's Law)'을 다르게 부르는 이름이다. 미국 보험사에서 일하던 허버트 윌리엄 하인리히(Herbert William Heinrich)는 산업 재해를 분석하던 중 일정한 법칙을 발견하게 된다. 그는 1931년 《산업 재해 예방(Industrial Accident Prevention)》을 통해 커다란 재해로 1명의 사상자가 발생하기 이전, 같은 문제로 경상자가 29명 발생하며, 역시 같은 문제로 다칠 뻔한 사람은 300명이 존재한다고 밝혔다. 커다란 사고 이전에 29건의 사소한 사고가 발생했고, 그 이전에는 300건의 신호가 있었다는 것이다.

어느 날 갑자기 모든 것이 싫어진 적이 있을 것이다. 내가 무엇을 위해 사는지, 왜 사는지 모르겠다며 한탄해본 경험이 있을 것이다. 어째서 갑자기 모든 것이 무의미해지고 공허해졌는지 모를 일이라며 쓰디쓴 한숨을 뱉어본 날이 있을 것이다. 하지만 갑자기가 아니다. 사람이 단번에 무너지는 경우는 흔치 않다. 순식간에 무너져내린 것 같아도 실은 그전에 이미 수많은 원인들이 점차 쌓여오고 있었고, 자신이 인지하지 못했을 뿐 수많은 신호가 반복되고 있었다. 별일 아니라고, 잠시 지쳐서 그런 것뿐이라고 간과했던 사소한 좌절들이 있었다. 이를 무시했기에 혹은 외면했기에, 해결되지 못한 채 쌓여온 절망과 좌절이 한꺼번에 터진 것뿐이다. 하지만 괜찮다. 지금이라도 잘못되었다고 깨달았다는 것은 아직 자생력이 남아 있음을 의미하기 때문이다. 그리고 그 문제를 해결하는 방법은 생각보다 간단할 수 있다. '늑대'만 불러올 수 있다면 말이다.

1872년 미국의 첫 번째 국립공원이 지정되었다. 와이오밍 주 북서부와 몬태나 주 남부, 아이다호 주 동부의 일부 지역에 걸쳐 있는 옐로스톤 국립공원의 넓이는 89만 8천 315헥타르, 즉 8천 983제곱킬로미터다. 충청남도가 8천 제곱킬로미터이니, 그 크기가 얼마나 방대한지 알 만하다. 그런데 아이러니하게도 국립공원이 지정된 후 옐로스톤에는 번성한 것보다 사라진 것이 더 많았다. 1926년 사람들의 무분별한 사냥으로 늑대가 사라졌다. 그러자 곧 키 큰 사시나무가 사라졌고 새와 물고기, 다람쥐, 들쥐가 급속히 줄어들었다. 번성한 것은 커다란 사슴인 엘크와 코요테뿐이었다.

1995년 캐나다에서 들여온 열네 마리의 늑대가 옐로스톤 국립공원에 방사됐다. 그 후에도 추가로 늑대를 옐로스톤에 풀어놓았고, 곧 늑대는 열 개의 무리가 넘을 정도로 번성했다. 그리고 놀라운 변화가 찾아왔다. 늑대가 엘크를 잡아먹기 시작했다. 커다란 초식동물로 천적이 없던 엘크는 두려움을 느끼게 되었다. 엘크들은 개울로 내려오는 것이 무서워졌다. 사시나무를 사라지게 하고 개울가의 버드나무를 닥치는 대로 먹어 새와 물고기의 둥지를 빼앗은 엘크, 그래서 땅의 침식까지 일으켰던 엘크가 점령을 포기하자 개울에 다시 버드나무가 자랐다. 물고기들이 늘었고 모습을 감추었던 비버도 다시 나타났다. 늑대는 또 코요테를 잡아먹었다. 그러자 코요테의 번성으로 급감했던 설치류가 늘었다. 설치류가 늘자 맹금류와 여우, 오소리의 숫자도 늘어났다. 늑대가 오자 생태계가 복원된 것이다.

생태계 파괴를 겪었던 옐로스톤 국립공원은 늑대가 나타나면서 되살아나기 시작했다. 물론 어떤 학자들은 늑대가 결정적인 이유가 아닐 수도 있다고 말한다. 하지만 늑대가 '계기'가 된 것만은 분명하다. 나에게도 늑대와 같은 계기가 필요하다. 그 계기를 잡을 때 잘못된 삶을 바로잡고 다시 일어설 수 있다. 단, 선행되어야 할 것이 있다. 스스로에게 옐로스톤 국립공원처럼 비록 지금은 황폐해졌을지언정 얼마든지 다시 번성할 수 있는 좋은 터전이 있다고 믿는 것이다.

피폐한 나도, 생동감 넘치는 나도, 힘들고 괴로운 나도, 즐겁고 행복한 나도, 모두 똑같은 나라는 사람이다. 생명력을 잃어가던 옐로스톤 국립공원과 개울가에 사시나무가 자라고 물고기가 헤엄치며 새가 지저귀고 여우와 오소리가 살아가는 옐로스톤 국립공원이 같은 곳이든 말이다. 중요한 것은 그것을 어떻게 가꾸느냐다. 맹자는 그런 나를 가꾸는 방법을 알려준다.

"고통과 싸우려 한다면 누구나 백전백패한다"

/

자식들 교육을 이야기할 때 빠지지 않고 등장하는 어머니가 있다. 바로 '맹모삼천지교(孟母三遷之敎)'의 주인공이자 맹자의 어머니인 구부인이다.

어렸을 때 맹자는 무덤 근처에서 살았는데, 늘 보고 들어서인지 상여꾼들을 흉내내는 일이 잦았다. 구부인은 이것이 교육에 좋지 않다고 여기고 시장 쪽으로 이사를 했다. 그런데 이번에는 맹자가 물건을 사고파는 놀이를 하는 것이었다. 마지막으로 이사한 곳은 학교 근처였다. 그러자 맹자는 비로소 제사 도구를 가지고 놀며 예법을 익히는 행동을 보였다. 또 한 번은 맹자가 공부를 안 하고 소위 말하는 '땡땡이'를 친 일이 있었다. 이를 알게 된 어머니는 아들을 불렀다. 그리고 힘들여 어렵게 베로 짠 옷감을 꺼내 잘라 보였다. 아무리 힘들게 짠 옷감도 잘라버리면 쓸 수 없듯 공부도 중단하면 다시 이을 수 없다고 했다. 그 후로 맹자는 다시 공부에 매진했고 이 고사에서 '단기지교(斷機之教)'라는 말이 나온다.

맹자의 어머니인 구부인이나 요즘 부모의 교육열은 다르지 않다. 그런데 그 결과는 판이하다. 어느 곳에서부터 차이가 생겼을까. 맹자는 여기에 대해 직접적으로 답하지 않는다. 다만 맹자의 마음을 유추해볼 수는 있다. 첫 번째 추정은 교감이다. 다르게 말하면 인간적인 신뢰나 사랑이라고 할 것이다. 미워하는 사람의 말을 듣는 사람은 거의 없다. 하지만 내가 존경하고 사랑하는 사람의 이야기는 들으려고 한다. 그를 실망시키고 싶지 않고 그와 오래 함께하고 싶고 그래서 더 좋아지고 싶기 때문이다. 맹자와 그의 어머니는 그런 교감과 사랑이 있었을 것이다.

하지만 무엇보다 중요한 것은 맹자가 자신에게 주어진 계기를 놓치지 않고 움켜쥐었다는 것이다. 맹자의 어머니는 옐로스톤 국립공원에 방사된 늑대의 역할을 했다고 할 수 있다. 즉 맹자는 어머니라는 계기를 잡아서, 공부라는 거름과 물을 주며 '나'라는 씨앗을 가꾸었던 것이다. 스스로가 썩은 씨앗이라고 여기고 자신을 가꿀 노력을 기울이지 않았다면 맹자가 유가에서 이르는 성인의 반열에 오를 수 있었겠는가.

자, 이제 우리 내면의 국립공원으로 가보자. 나는 하나의 산이다. 이 산은 푸르고 울창했다. 풀과 나무가 울창하고 산새가 지저귀고 냇물이 졸졸 흐르며 또 온갖 산짐승들이 뛰어놀았다. 나는 새들의 소리를 알아들었다. 꽃씨가 꽃을 피우는 모습을 흐뭇하게 지켜보았다. 그땐 마치 처음 말을 배우는 어린아이 같았다. 무엇이든 빨아들이는 스펀지 같기도 했다. 무엇이든 빨리 습득했고, 무엇이든 될 수 있었다. 그것이 나의 본성이었다. 그런데 지금은 그렇지 않다. 황폐해진 나는 이제 민둥산의 서늘한 소리를 들을 뿐이다. 그 이유가 무엇일까. 맹자는 이렇게 이야기한다.

> 우산(牛山)의 나무는 아름다웠다. 그런데 우산은 큰 나라의 교외에 있는 관계로 도끼로 그 나무들을 찍어냈으니 아름다워질 수 있겠는가? 밤낮으로 자라나고 비와 이슬의 윤택함을 받아 싹이 돋는 일이 없지는 않았지만 소와 양을 끌어다가 그것이 자라는 족족 먹이곤 했다. 그래서 저렇게 밋밋한 것이다. 사람들은 그 밋밋함을 보고는 거기에는 재목이 있어본 일이 없었다고 생각한다. 그것이 어찌 산의 본성이겠는가? 사람 안에 있는 본성인들 어찌 인의를 따르는 마음이 없겠는가? 본래의 마음을 베어버리는 일은 또한 도끼로 나무를 다루는 것과

같으므로 매일매일 찍어내는데 아름다워질 수 있겠는가?

– 맹자, 《맹자》

사람들은 우산이 재목이 없는 민둥산이라고 하지만, 우산은 원래 그렇지 않았다. 우산이 그렇게 된 이유는 나무를 심지 않고 베어버렸기 때문이다. 소와 양에게 풀을 족족 먹여 푸름을 잃게 했기 때문이다. '나'라는 산도 그렇다. 변하고 싶어 하는 마음을 지금은 여유가 없다며 도끼로 베어버렸다. 달라지고 싶은 마음의 싹이 일어나도 눈앞의 쾌락과 나태가 그 싹을 족족 먹어버렸다. 하지만 괜찮다. 과거에 잘못한 부분이 있더라도 그것마저 감싸 안으면 된다. 맹자는 "사람은 항상 잘못을 저지른 후에야 능히 고칠 수 있는 법이니 마음이 괴롭고 어긋난 뒤에야 분발하고, 표정으로 나타내고 소리를 낸 뒤에라야 깨닫게 된다"고 말한다.

살면서 후회할 일이 없는 사람은 아무도 없다. 하지만 어떤 사람은 후회를 그저 지우고 싶은 기억으로 남기는 반면, 어떤 사람은 자신을 한 단계 성장시키는 계기로 만든다. 이 차이는 과연 어디서 오는 걸까. 미국 멤피스대학교 심리학과의 지아 웨이 장(Jia Wei Zhang) 박사도 바로 그 점이 궁금했다. 그래서 그는 125명을 대상으로 살면서 가장 후회되는 일이 무엇인지, 이후에 어떤 일이 발생했는지를 적게 했다. 참가자의 답변을 분석한 결과, 그는 후회를 성장의 발판으로 삼은 사람들에게 한 가지 공통점이 있다는 사실을 밝혀냈다. 그것은 바로 '자기 연민'이었다.

자기 연민이란, 자신의 실수를 따뜻하고 부드럽게 바라보는 태도를 뜻한다. 사람이라면 누구나 실수할 수 있으며 다른 사람들도 똑같이 겪는 과정이라는 생각으로, 내 아픔과 고통을 침착하게 바라보는 것이다. 웨이 장 박사에 따르면 자기 연민의 태도를 가지고 있는 사람들은 같은 실수를 반복하지 않고 실수를 발전의 계기로 삼을 확률이 자기 연민의 태도를 가지지 못한 사람들보다 27퍼센트나 높다고 한다.

흔히 실수를 저질러서 후회가 밀려올 때 대부분은 이를 외면하려고 한다. 없던 일처럼 만들어 떠올리지 않음으로써 애써 지워내려고 하는 것이다. 하지만 지우려고 할수록 더 깊이 각인되고 잊으려고 할수록 더 분명히 떠오르는 것이 상처고 후회다. 자기 연민을 가진 사람들은 자신이 저지른 실수를 따뜻하게 바라봄으로써 감정적 고통을 덜어내고 그 일에 대해 충분히, 깊이 생각할 수 있다. 하버드의대 임상심리학자인 크리스토퍼 거머(Christopher K. Germer) 박사 역시 자기 연민의 힘을 강조한다. 그는 "고통과 싸우려 한다면 누구든 백전백패한다"며 어떤 문제가 발생했을 때 그것을 회피하거나 체념하거나 잘라내지 말고, 그 안에서 연민을 갖는 것이 중요하다고 말한다.

내면의 국립공원에 늑대를 초대하는 일, 즉 변화와 성장의 계기를 만드는 것이 도약의 첫 번째 단계라면, 또다시 공원이 황폐해졌을 때, 의도치 않은 실수를 저질렀을 때 좌절하거나 포기하지 않고 자신을 감싸 안으며 다시 노력하는 자기 연민은 도약의 두 번째 단계다. 나의 약점과 단점과 실수를 객관적으로, 따뜻하게 바라보는 것이 나를 사랑하는 기술이며 이렇게 나의 모든 것을 사랑할 수 있을 때에 비로소 내가 나로 사는 것이 가능해진다.

나를 사랑하기 위한 'RAIN 명상' /

자기 연민을 갖는 일이 모호하게 느껴진다면, 미국의 임상심리학 박사이자 저명한 불교 명상가인 타라 브랙(Tara Brach)의 'RAIN 명상'을 통해 구체적인 지침을 얻을 수 있다. 그는 《자기돌봄(Meditation & Psychotherapy)》을 통해 구체적인 자기 사랑법을 제시하는데 RAIN 명상은 나를 사랑하기 위해 부끄러움과 분노, 미움과 절망, 슬픔과 외로움을 받아들이는 방법이다.

첫째, R은 '인식한다(Recognise)'이며, A는 '허용한다(Allow)'는 뜻이다.

인식과 허용은 단지 ‘아, 지금 여기에 뭔가가 일어나고 있군’이라고 인식하는 정도로도 충분하다. 벌어지고 있는 나쁜 일들에 감정을 동일시하지 않고 생각을 잠시 멈출 때 거기에는 선택과 자유의 기회가 생긴다. 바로 RAIN의 시작점이다. 나의 어딘가 막혀 있는 부분을 인식하고, 그것을 부정하거나 거부하지 않고 있는 그대로 허용하는 것이다.

둘째, I는 ‘조사하다/살피다(Investigate)’라는 뜻이고, N은 ‘벗어난다(Non-identification)’는 의미다.

즉 I는 지금 내 몸과 가슴에서 실제로 일어나는 일을 제대로 살펴보고 조사하는 것을 말한다. 조사의 대상에는 지금 일어나는 자신의 신념이나 느낌, 감각, 감정도 포함된다. ‘화가 난다’, ‘슬프다’, ‘괴롭다’ 등 일, 감정, 느낌을 인식하면서 서서히 ‘나’와 안 좋은 느낌들을 분리한다. 즉 내가 지금 여기 ‘현존’하게 되면 나와 감정을 ‘동일시하는 것에서 벗어나게’ 되는 것이다. RAIN의 마지막 글자 N은 ‘동일시에서 벗어나기’를 의미한다.

타라 브랙은 나의 본성을 깨달음으로써 지속적인 행복과 자유를 누릴 수 있다고 말한다. 스스로 자신을 돌보는 것이야말로 불안한 세상을 살아가는 가장 빠르고 확실한 방법이라는 것이다.

전쟁과 살육의 시대를 넘어서는 법

/

맹자 역시 스스로 자신을 돌보는 일의 중요성을 강조한다. 그가 마지막으로 알려주는 자신을 가꾸는 방법은 '내가 할 수 있다'는 믿음을 갖는 것이다. 맹자는 '성악설'을 펼친 순자와 다르게 인간의 본성이 선하다는 '성선설(性善說)'을 주장했다. 맹자는 인간의 선한 본성을 회복해 천하를 화평케 하고자 했다. 그는 사람 안에 내재되어 있는 선함을 일깨우면 처참한 전쟁과 살육의 시대를 넘어설 수 있을 것이라고 믿었다. 눈에 보이지는 않지만, 마음속에서 무수한 전쟁을 벌이고 있는 지금의 우리에게도 시사하는 바가 큰 메시지다.

> 순임금은 밭 가운데서 등용되었고 부열은 성벽 쌓는 일을 하다 등용되었으며 교력은 생선과 소금 파는 일을 하다 등용되었고 관중은 감옥에서 등용되었으며 손숙오는 바닷가에서 등용되었고 백리해는 시장 바닥에서 등용되었다. 그러므로 하늘에서 그런 사람에게 큰일을 맡기는 명을 내리려면 반드시 먼저 그들의 육체를 굶주리게 하고, 그들 자신에게 아무것도 없게 해서 그들이 하는 것이 그들이 해야 할 일과는 어긋나게 만드는데, 그것은 마음을 움직이고 자신의 성질을

참아서 그들이 해내지 못하던 일을 더 많이 할 수 있게 해주기 위해서다.

– 맹자, 《맹자》

중국에서 최고의 태평성대를 요순시대라고 한다. 요임금과 순임금의 시대를 이르는 말이다. 그중 한 시대를 이끌었던 순임금은 농사를 지었다. 은나라의 재상이 된 부열은 소위 말하는 '노가다'를 했다. 춘추시대의 한 획을 그었던 관중도 초나라의 재상이 되었던 손숙오도 어려움 속에서 성장했다. 맹자는 그들이 큰일을 맡을 수 있었던 배경이 그들에게 아무것도 없었기 때문이라고, 하고 있는 일이 해야 할 일과 어긋났기 때문이라고 지적한다. 소크라테스의 "너 자신을 알라"가 '네가 아무것도 모른다는 사실을 똑똑히 알라'는 가르침이었다면, 맹자는 '네가 아무것도 가진 것이 없기에 무엇이든 될 수 있다'고 말한다.

우리 대부분은 가진 것이 많지 않다. 든든한 배경도, 물려받은 재산도, 뛰어난 재능도, 엄청난 두뇌도, 모두 나의 것이 아니다. 그래서 억울하고 분할 때가 많다. 부모의 재산으로 놀고먹는 친구들을 보면 화가 나고, 뛰어난 재능으로 저만치 앞서나가는 동료를 보면 초라함이 밀려든다. 결국 부모가 원망스럽고 내가 미워진다. 그런 나에게 소크라테스와 맹자는 말한다. 내가 아무것도 알지 못함을,

아무것도 가지지 못함을 인정하라고. 이로써 나는 무엇이든 알 수 있고, 무엇이든 될 수 있다고 말이다. 그것이 소크라테스와 맹자가 전하는 '나로 사는 기술'이며 '내가 나를 사랑하는 길'이다.

자
존

부지런한 게으름 vs 게으른 부지런함

: 칸트와 정약용, 율곡이 전하는 '자기 관리' :

어떻게 보면 인생은 참으로 길다. 어리고 젊었을 때는 시간이 더디 가는 것 같지만 나이가 들수록 시간은 쏜살같이 흘러간다. 1912년 노벨생리의학상을 수상한 알렉시 카렐(Alexis Carrel)은 이런 현상을 흐르는 강물에 비유한다. 시계에 표시되는 물리적 시간은 강물처럼 일정한 속도로 흐른다. 시간의 흐름은 변함이 없는 것이다. 하지만 나이에 따라 이 흐름은 다르게 느껴진다. 강물이 흐르는 강둑을 따라 사람이 움직인다고 생각해보자. 건강하고 운동 능력이 뛰어난 청소년들은 강물보다 더 빨리 강둑을 뛸 수 있다. 그래서 강물보다 앞서나가게 된다. 중년이 되면 뒤처지지 않을 정도로 강물을 따를 수 있다. 하지만 노년이 되면 강물이 사람을 앞서 흐르게 된다. 카렐은 나이에 따른 시간의 느낌을 이렇게 이야기한다.

하지만 여기에서 변하지 않는 것이 있다. 강물은 항상 일정한 속도로 흐르고 있다는 사실이다. 강물의 속도가 다르지 않듯, 너에게 주어진 시간과 나에게 주어진 시간은 다르지 않다. 우리에겐 모두 하루 24시간이 주어져 있고 이 시간은 같은 속도로 흐른다. 다른 점이 있다면 그 시간을 어떻게 느끼고 어떻게 쓰느냐이다.

"당신의 인생을 사랑하십니까?
그렇다면……"

/

칸트는 철학의 역사에서 가장 위대한 철학자 중 한 사람으로 꼽힌다. 어떤 이는 서양 철학이 칸트 이전과 칸트 이후로 나뉜다고 말한다. 하지만 칸트와 관련해 일반인들에게 더욱 유명한 것은 그의 철저한 시간 관리다.

칸트의 생활은 엄격했다. '그 시간'이 되면 어김없이 '그 일'을 했다. 아침에 일어나는 시간, 차를 마시는 시간, 집필을 하는 시간, 강의를 하는 시간, 밥을 먹는 시간, 이 모든 시간이 규칙적으로 정해져 있었다. 칸트가 살았던 마을에는 보리수나무가 줄지은 길이 있었다. 지금은 '철학자의 길'로 불리는 이 길에 회색 코트를 입고 등나무 지팡이를 든 칸트가 나타나면 사람들은 모두 세 시 삼십 분임을 알았다. 심지어 칸트를 보고 시계를 맞추는 사람도 있었다. 날씨가 흐리거나 비가 와도 칸트는 매일 여덟 번씩 이 길을 왕복했다. 칸트가 산책을 빼먹은 적이 딱 두 번 있었는데, 첫 번째는 루소를 읽다가였고 두 번째는 프랑스혁명을 보도한 신문을 읽다가였다.

어떻게 보면 칸트의 생활은 숨막힐 듯하다. 하지만 여기에서 칸트의 첫 번째 '나를 사랑하는 기술'을 발견하게 된다. 바로 철저한 자기 관리다. 칸트의 시간 관리는 곧 자기 관리였다. 칸트는 시간을 철저하게 관리함으로써 나태해지거나 게을러지지 않도록 스스로를 다스렸다. 자신이 바라는 삶을 흔들림 없이 갈 수 있도록 이끌었다. 어쩌면 그 철저함이 우습게 보일지도 모른다. 심지어 니체는 "서툴고 고루한 소인배이자 소도시 취향을 지닌, 그러면서 의무감에 사로잡혀 살았던 프로이센의 관리"라고 칸트를 폄하했다. 하지만 니체와 칸트는 길이 달랐을 뿐이다. 칸트의 길을 선택할지 말지는 자유다. 그러나 그 철저함이 쌓이고 쌓여 칸트라는 인물을 낳았다는 사실만은 잊지 말아야 한다.

실제로 철저한 시간 관리를 통해 삶의 가장 궁극적인 목표를 이뤄낸 인물이 있다. 훗날 미국 독립선언문을 만들고 미국 개척기 역사에 가장 위대한 인물로 평가받는 벤저민 프랭클린이 그 주인공이다. 프랭클린은 이렇게 말했다.

"당신의 인생을 사랑하십니까? 그렇다면 시간을 낭비하지 마십시오. 인생이라는 것은 오직 시간으로 이루어져 있습니다."

그가 시간을 얼마나 중요하게 생각했는지 보여주는 일화가 있다. 프랭클린이 서점에서 일하던 때 중년 남성이 책을 사러 왔다. 당시 그 책의 가격이 50센트였는데, 손님은 값을 좀 깎아달라며 실랑이를 벌였다. 그러자 프랭클린은 도리어 책값을 더 비싸게 불렀다. 손님이 이에 대해 따지자 그는 "시간은 돈보다 더 귀중한데, 책값을 깎아달라며 시간을 낭비했으니 시간에 대한 가격이 붙은 것일 뿐"

이라고 대꾸했다. 실제로 가난한 집안에서 태어나 인쇄소 견습공으로 처음 일을 시작한 프랭클린은 20대에 자신이 이룰 목표를 세우고, 그것을 실천하기 위해 열세 가지 항목을 작성한 뒤 매일 점검했다. 그는 철저한 시간 관리와 자기 관리를 통해서 완벽한 삶을 살고자 노력하였다. 그를 성공으로 이끈 열세 가지 덕목 중 시간 관리와 자기 관리에 있어 중요한 지침이 될 덕목 열 가지를 정리해본다.

절제: 배부르도록 먹지 말라. 취하도록 마시지 말라.

침묵: 자신이나 남에게 유익하지 않은 말은 하지 말라. 쓸데없는 말은 피하라.

질서: 모든 물건을 제자리에 정돈하라. 모든 일은 시간을 정해놓고서 하라.

결단: 해야 할 일은 하기로 결심하라. 결심한 것은 꼭 이행하라.

검약: 자신과 다른 이들에게 유익한 일 외에는 돈을 쓰지 말라. 즉 아무것도 낭비하지 말라.

근면: 시간을 허비하지 말라. 언제나 유용한 일을 하라. 안 해도 될 행동은 끊어버려라.

진실함: 남을 일부러 속이려 하지 말라. 순수하고 정당하게 생각하라. 말과 행동이 일치하게 하라.

정의: 남에게 피해를 주거나 응당 돌아갈 이익을 주지 않거나 하지

말라.

온건함: 극단을 피하라. 상대방이 나쁘다고 생각되더라도 홧김에 상처를 주는 일을 삼가라.

침착함: 사소한 일, 일상적인 일이나 불가피한 일에 흔들리지 말라.

– 프랭클린, 《프랭클린 자서전》

내가 무엇을 하고자 한다면, 내가 무엇이 되고자 한다면 그에 맞는 노력을 해야 한다. 그 목표가 크고 대단할수록 더 많은 노력이 요구된다. 그리고 더욱 중요한 것은 그곳에 도달한다고 끝이 아니라는 사실이다. 내 집 마련이 꿈인 사람은 청약통장을 만들고 적금을 붓는다. 월세에서 전세로, 조금씩 돈을 모으면서 드디어 내 집을 마련한다. 감격과 환희, 그리고 지나간 날들에 대한 회한이 눈물처럼 쏟아진다. 그런데 내 집 마련이 인생의 목표일까. 아닐 것이다. 입시나 취직도 마찬가지다. 대학에 들어가기 위해 잠을 참아가며, 놀고 싶은 마음을 억눌러가며 공부를 한다. 취업을 위한 준비도 더하면 더했지 덜하지 않다. 그리고 그 꿈을 이룬다. 그럼 내 꿈은 끝난 것일까. 그렇지 않다. 내 집 마련과 취업은 인생의 궁극적인 목표를 이루기 위한 징검다리에 불과하다.

자기 관리란 인생의 수많은 징검다리들을 효율적으로 건너기 위한 방법이다. 발이 미끄러져서 물에 빠져 허우적대지 않도록 돕는 기술이다. 칸트와 프랭클린은 철두철미한 시간 관리를 통해 스스로와 삶을, 자신이 바라는 대로 이끌었던 것이다. 그들에게 나를 사랑한다는 것은, 내가 원하는 궁극적인 목표로 나를 안전하게 데려다 놓는 일이었다고 할 수 있다.

칸트,
추재의 삶
/

칸트는 일찍 알려지지 않았다. 그는 발전이 빠른 사람도 아니었다. 지금으로 따지자면 칸트는 아주 긴 무명 시절을 겪은 사람이었다. 옆 마을에서 가정교사 생활을 하고 돌아온 칸트는 모교인 쾨니히스베르크대학에 시간강사 자리를 얻는다. 교수가 되고 싶었지만 교수가 되지 못했던 칸트는 15년 동안 시간강사로 일했다. 칸트가 논리학과 형이상학 교수가 된 건 1770년, 마흔여섯이 되던 해였다.

서양 철학사를 양분하는 《순수이성비판》, 《실천이성비판》, 《판단력비판》을 쓴 칸트는 왜 교수가 되지 못했을까. 그는 예전에 발표한 이론이 뒤늦게 알려진 철학계의 늦깎이 신인이었던 걸까. 아니다. 칸트는 그 반대였다. 뒤늦게 인정받은 늦깎이 신인이 아니라 뒤늦게 완성된 거인이었다. 그는 1781년 쉰일곱의 나이에 《순수이성비판》을 완성했다. 이 책은 철학계를 뒤집어놓았다. 그리고 예순넷에 《실천이성비판》을, 예순여섯에 《판단력비판》을 발표했다. 오랜 시간 차곡차곡 쌓아놓은 그의 사색과 집필은 그렇게 사상으로 완성되었다.

칸트는 "나는 이미 진로를 선택했고 이 길을 평생 걸어가기로 결심했다. 나는 나의 진로로 들어설 것이며, 아무도 이 길을 방해하지 못할 것이다"라고 했다. 이 말을 했을 때, 칸트는 스물두 살이었다. 정말로 칸트는 그 길을 철저하게 걸었다. 칸트에게서 부러움을 느낀다. 첫 번째는 자신의 길을 묵묵히 걸어가는 꿋꿋함과 의지다. 그 정도 오래 시간강사를 했으면 포기할 만도 한데 칸트는 그러지 않았다. 그는 더디지만 끊임없이 자신을 발전시켜갔다. 그 모습은 마치 작은 싹에서 시작해 해마다 나이테를 늘려가며 자라는 커다란 나무와 같다.

나무에게는 나이테가 있다. 이 나이테는 우리가 보는 나무의 결이 된다. 그런데 사람들은 나이테라고 하면 좁고 짙은 둥근 띠만을 생각한다. 그러나 그 옆에 자리하고 있는 옅고 넓은 면 역시 나이테다. 나이테의 색과 너비가 다른 건, 나무가 똑같은 계절을 살지 않기 때문이다. 춥고 시린 겨울 동안 나무는 짙고 단단해지며 또 천천히 자란다. 그리고 봄이 오고 비가 내리고 햇볕이 쨍쨍한 여름 동안 나무는 쑥쑥 제 몸을 키워나간다. 그래서 짙은 나이테는 단단한 '추재(秋材)'가 되고, 옅은 나이테는 조금 물러도 이만큼 커버린 '춘재(春材)'가 된다. 그런데 나이테는 모두 똑같지 않다. 사람에게 한 해, 한 해가 다르듯 나무도 매년 다른 삶을 살기 때문이다. 그 삶이 켜켜이 쌓였을 때, 우리는 그것을 '연륜(年輪)'이라고 부른다. 연륜은 한순간에 생기지 않는다. 오랜 시간의 노력과 경험이 있은 후에야 연륜이라는 말을 쓸 수 있다.

칸트는 그 연륜을 키워 철학을 떠받치는 기둥이 되었다. 게다가 칸트에게는 빛과 영양이 풍부한 시절이 적었다. 춘재처럼 무럭무럭 자라지 못했던 것이다. 대신 칸트는 추재의 삶을 살았다. 어렵고 힘들기에 조금씩, 그렇지만 단단하게 자신을 키웠다. 그 어려움을 버티는 일이 한두 해로 끝나지 않을지도 모른다. 그래도 포기하지 않으면 분명 자랄 수 있다. 아무리 추운 겨울에도 햇빛은 존재한다. 누구에게나 시간이 24시간인 것처럼 말이다. 하지만 겨울엔 햇빛이 적다. 누구에게나 주어진 24시간이지만 내가 쓸 수 있는 시간은 적다. 그럼 어떻게 해야 할까. 스스로를 관리하며 그 시간을 단단히 해야 한다. 그래야만 다음 해를 맞을 수 있고 내 나이테를 키울 수 있다. 한 걸음, 한 걸음, 단단함에 단단함이 더해지고 또 단단해지면 어느새 거목이 될 수 있다. 칸트는 이를 우리에게 알려준다.

물론 추재의 삶을 살았던 그의 철저함이 늘 좋았던 것만은 아니다. 칸트는 독신이었다. 독신주의자는 아니었다. 칸트도 결혼할 마음이 있었다. 그에게는 이런 일화가 전해진다. 칸트는 몸이 좋은 사람도 훤칠한 미남도 아니었다. 그의 용모는 보잘것없었다. 체구는 왜소했고 등이 굽어 있었다. 그런데 어떤 여인이 칸트에게 청혼을 한다. 칸트는 생각할 시간을 달라고 했다. 그리고 결혼을 해야 할 이유와 하지 말아야 할 이유에 대해 고민했다. 오랜 고민 끝에 그는 결론을 내렸다. 결혼을 하는 것이 하지 않는 것보다 좋은 이유를 더 많이 찾아낸 것이다. 그러나 이미 그 여인은 다른 남자와 결혼한 후였다. 칸트가 결혼에 대해 생각하고 결론을 내리는 데 7년이 걸렸기 때문이다.

어떤 사람은 결단을 내리지 못하는 바보라고 칸트를 비웃을지도 모른다. 하지만 그 철저함만은 무시할 수 없다. 사실 우리는 어떤 일을 하면서 쉽게 결론을 내리곤 한다. '이 정도면 됐다'는 스스로의 인정이다. 공부를 잘하는 사람과 못하는 사람, 일을 잘하는 사람과 못하는 사람 사이엔 묘한 공통점이 있다. 물론 숙련도의 차이도 있을 테지만 가장 큰 차이는 완성도에 있다. 학창 시절 하루 종일 책상에서 공부만 하는 친구가 있었다. 하지만 희한하게도 그 친구의 성적은 좋지 못했다. 저렇게 오랜 시간을 공부하는데, 왜 성적이 좋지 않은지 반 친구들은 모두 궁금해 했다. 이유는 하나였다. 완성도가 떨어졌던 것이다. 열 시간을 앉아 있으면 열 시간을 공부한 것일까? 영어 단어 하나를 100번 반복해서 쓰면 공부를 많이 한 것일까? 조립을 다 했다고 가구가 완성된 것일까? 아니다. 그런데 자주 착각한다. "그거 다 했어?"라고 물을 때 "다 했어"라고 대답하는 것이 아니라 "그거 하는 데 몇 시간이 걸렸어", "그거를 얼마나 많이 했어"라고 이야기하는 경우가 있다. 그것을 완성했느냐고 묻는데 대답은 그것을 하는 데 걸린 시간과 횟수다.

생각해보자. 수학문제 하나를 푼다. 한 시간 동안 애썼지만 풀지 못했다. 그럼 그 문제는 못 푼 것이다. 그 문제를 풀기 위해 100번 시도를 했다. 하지만 풀지 못했다. 그럼 그 문제는 풀린 것이 아니다. 물론 풀든 풀지 못했든 노력한 과정은 중요하다. 다만 안주는 금물이라는 이야기다. 칸트에게서 배워야 할 것은 '이 정도면 됐다'는 안주를 경계하며 스스로의 결론에 도달하고자 한 철저함과 끈질김에 있다. 칸트는 "내용 없는 사고는 공허하며, 개념 없는 직관은 맹목적이다"라고 말한다.

칸트는 다른 사람이었다면 은퇴를 했을 나이가 되서야 세상을 진동시켰다. 그 바탕에는 철저한 자기 관리와 차곡차곡 쌓아놓은 지식과 지혜, 노력이 있었다. 그리고 자신과 삶에 대한 존중이 있었다. 자존, 즉 스스로에게 긍지를 가지고 스스로를 존중하는 일은 단순히 자신을 사랑하는 것으로 가능하지 않다. 삶을 사랑하고 나를 긍정하기 위해서는 더디더라도 단단하게 스스로를 다져야 하며, 내가 잘못된 길로 가거나 완성을 이루기도 전에 멈추지 않도록 독려

해야 한다. 칸트가 알려주는 '진짜 나를 사랑하는 기술'은 아낄수록 더욱 엄히 다스리는 부모의 마음으로 나와 삶을 관리하는 것이다.

부지런하고, 부지런하고, 또 부지런하라

/

더디지만 단단하게 자신을 다져간 또 한 명의 인물, 다산(茶山) 정약용은 조선 최고의 지성이다. 그는 조선의 실학을 집대성한 실학자였으며《목민심서》와《경세유표》를 비롯한 총 182책 503권을 저술한 대저술가였다. 게다가 수원 화성의 설계를 담당하고 거중기와 활차 같은 기계를 고안한 사람이기도 하다. 뿐만 아니라 그는 '과골삼천(踝骨三穿)'의 주인공이기도 했다. 과골삼천이라고 하면 복숭아뼈에 세 번 구멍이 났다는 것이다. 다산은 18년의 유배생활 동안 엄청난 양의 책을 저술했다. 책을 쓰기 위해 그토록 앉아 있다 복숭아뼈가 세 번이나 상했던 것이다. 그 다산 정약용이 중요하게 여긴 공부법 중 하나가 바로 쓰는 것이었다.

쓰는 공부에는 두 가지가 있다. 하나는 '필사(筆寫)'이고 다른 하나는 '초서(抄書)'이다. 필사란 책 전체를 베껴 쓰는 것을 말한다. 예전 책이 귀했던 시절에는 한 권의 책을 얻기 위해 필사를 하곤 했다. 초서는 필사와 비슷하게 책을 옮겨 적는 것을 말한다. 하지만 초서는 책 전체를 베끼는 것이 아니라 중요한 부분을 가려 뽑아 쓰는 것이다. 정약용은 초서를 중요한 공부법 중 하나로 삼았다. 아들들에게도 초서의 중요성을 강조했다. 초서를 할 경우에는 먼저 자기의 뜻을 담아 쓸 책의 규모와 편목을 세운 뒤, 다른 이의 책에서 그 핵심을 간추리라고 했다. 초서의 '초(抄)'에는 '베끼다'라는 뜻도 있지만 '노략질하다'는 뜻도 있다. 그럼 책을 노략질한다는 뜻이 된다. 어쩌면 초서란 책에서 가장 중요한 것을 빼앗아 자기의 것으로 만든다는 의미가 있을지도 모른다.

다산은 자신이 노력한 만큼 학문을 이룰 수 있다고 생각했다. 그런 만큼 그는 쉬지 않고 배우고 연구하는 학자였다. 또한 그에게 공부는 출세의 수단이 아니라 사람이 되는 방법이고 사람을 이롭게 하는 방법이기도 했다. 그래서일까. 그는 유배생활을 하면서도 수많은 책을 남겼다.

1801년 11월 다산은 강진으로 유배를 간다. 유배지에서의 생활은 어려웠다. 주막집 뒷방에 어렵게 거처를 마련했지만 술 취한 사람들의 소란과 우물 옆 빨래터에서 나오는 소음은 그의 마음을 어지럽혔다. 그것도 어떻게 익숙해지고 한 해가 지날 무렵 다산은 서당을 연다. 다산의 서당에 한 소년이 찾아왔다. 강진 관아 아전의 자식인 황상이었다. 황상은 부끄러워 쉽게 나서지 못하고 쭈뼛쭈뼛

했다. 고개도 쉽게 들지 못했다. 그리고 어렵게 입술을 떼어 말했다.

"저처럼 머리가 나쁜 아이도 공부를 할 수 있나요?"

그도 그럴 만한 것이 황상의 어린 시절 이름은 '산석(山石)'이었다. 그냥 돌도 아니고 산의 돌이었다. 황상은 다산에게 다시 말한다.

"제게는 세 가지 병통이 있습니다. 첫째는 둔한 것이요. 둘째는 막힌 것이며, 셋째는 답답한 것입니다."

스스로를 둔하고 막히고 답답하다는 황상을 보고 다산은 이렇게 말한다.

"배우는 사람에게는 큰 병통 세 가지가 있다. 그러나 네게는 그것이 없다. 첫째 외우는 데 민첩하면 그 폐단이 소홀한 데 있다. 둘째 글짓기에 빠르면 그 폐단이 들뜨는 데 있다. 셋째 깨달음이 빠르면 그 폐단은 거친 데 있다. 대저 둔하지만 들이파는 사람은 그 구멍이 넓게 된다. 막혔다가 터지게 되면 그 흐름이 성대해진다. 답답한데도 연마하는 사람은 그 빛이 반짝반짝 빛나게 된다. 뚫는 것은 어찌하나? 부지런히 해야 한다. 틔우는 것은 어찌하나? 부지런히 해야 한다. 연마하는 것은 어찌하나? 부지런히 해야 한다. 네가 어떻게 하면 부지런히 할 수 있을까? 정성으로 뜻을 세워 마음을 확고하게 다잡아야 한다."

다산의 이 말에서 부지런하고 부지런하고 또 부지런해야 한다는 '삼근계(三勤戒)'가 나왔다. 아전의 아들로 태어나 아는 것은 농사일 뿐이었던 황상은 다산의 뜻을 이었다. 낮에 농사를 짓고 밤에는 책을 읽었다. 그리고 세상이 알아주는 시인이 되었다.

《중용》에는 '생이지지(生而知之)', '학이지지(學而知之)', '곤이지지(困而知之)'라는 말이 나온다. 생이지지라고 하면 나면서부터 알게 되는 것이다. 학이지지는 배워서 알게 되는 것이고, 곤이지지는 어렵고 힘들게 그것을 알게 되는 것이다. 하지만《중용》은 어떻게 알게 되든 아는 것은 한 가지라고 이야기한다. 천재는 그것을 보면 안다. 보통 사람은 배워서 그것을 안다. 하지만 둔재는 어렵고 힘들게 노력해야만 그것을 알 수 있다. 하지만 알게 되었을 때, 그 아는 것에서는 차이가 없다. 다산은 여기에서 나아가, 둔하고 막히고 답답한 사람이 그렇지 않은 사람보다 더 큰일을 이룰 수 있다고 말한다. 잘 외우는 사람은 자신의 능력을 믿기에 노력을 소홀히 한다. 글을 잘 짓는 사람은 다른 이들이 자신을 알아주기에 자만하기 쉽다. 쉽게 이해하는 사람은 그것을 모두 알았다고 착각하고 세심하게 다듬으려 하지 않는다. 하지만 둔한 사람은 묵묵히 자신의 길을 걸어간다. 그래서 멀리 간다. 막힌 사람은 그 막힌 것이 뚫릴 때 봇물을 이룬다. 답답한 사람은 하나에서 멈추지 않는다. 도끼를 갈아 바늘을 만들 듯 정성을 다한다.

이를 이루기 위한 방법은 부지런해지는 것이다. 부지런하다는 것은 물리적인 것만을 뜻하지 않는다. 아침에 일찍 일어나고 저녁에

늦게 자고 하루 종일 무엇을 한다고 부지런한 것이 아니다. 그런 부지런함은 아무 생각 없이 연습장의 공백을 채우는 것과 다르지 않다. 진정한 부지런함은 그곳에 뜻을 두고 정성스럽게 끊임없이 해나가는 것이다. 뜻을 두면 그 뜻이 좋을 것이다. 그 좋은 것을 하니 잘하고 싶어질 것이다. 잘하기 위해서는 정성을 다해야 할 것이다. 정성을 다함에 소홀하지 않게 될 것이다. 그리고 그것을 끊임없이 하게 될 것이다.

별이 빛나는 하늘과
내 안의 도덕률
/

철저한 자기 관리와 집요한 부지런함. 칸트와 정약용이 전하는 덕목이 다소 고루하게 느껴지는 것도 사실이다. 아니 고루하다기보다는 피곤하다. 나라고 열심히 살지 않았던 것이 아니다. 나라고 스스로를 다스리고 관리하지 않았던 것이 아니다. 하지만 남은 것은 누적된 피로와 지친 마음뿐이지 않은가. 오해하지 말자. 칸트는 철저하게 시간을 관리해 얻은 여유 시간을 사색하고 사유하는 데 썼다. 정약용이 부지런함을 강조한 것은, 부족한 사람도 노력하면 뜻을 이룰 수 있다는 희망을 이야기한 것이다.

부지런함의 진정한 의미는 게으름의 본뜻에서 발견할 수 있다. 정신과 의사 문요한은 《굿바이, 게으름》에서 "꼭 빈둥거리는 것만 게으름이 아니"라고 말한다. 방향성 없이 똑같은 하루를 반복하고, 중요한 일을 뒤로한 채 사소한 일에 매달리고, 완벽주의라는 덫에 빠져 결정을 끊임없이 미루고, 늘 바빠 보이지만 실속은 없고, 능력이 있는데도 불구하고 도전하지 않는다면 그것이 게으른 것이라고 설명한다. 말하자면 '부지런한 게으름뱅이'인 것이다.

반면 '게으른 부지런쟁이'는 스스로를 발전시킬 수 있다. 미국 온라인 매체 '리틀 띵스(Little Things)'는 능률주의자의 특별한 게으름을 분석했다. 일례로 게으른 사람은 무슨 일을 하더라도 조금 더 편하게 일하고 싶어 하는데, 더 빨리 끝내서 더 많이 쉬고 싶어 하면서 효율적으로 시간을 조절하는 능력이 발달된다고 한다. 이렇게 시간을 조절함으로써 여유가 생기면 혼자 생각을 정리하며 나의 가치관을 세우는 계기로 삼는 것도 게으른 부지런쟁이들의 특징이다. 시간이 많다보니 작은 변화에도 눈치가 빠르며, 따라서 주변의 변화에 소중한 마음을 갖는 경향도 강하다. 가장 중요한 것은 문제를 잘 해결한다는 것이다. 게으르게 보일 정도로 천천히, 시간을 들여 계속 생각하면서 마침내 방법을 강구하곤 한다. 부지런한 사람이 시간에 쫓겨 빠듯하게 하는 경우보다 효과적으로 어려움을 탈피한다는 것이다.

즉 부지런함의 진정한 의미는 방향성을 가지고 나아가며, 사소한 일 대신 중요한 일에 매달리는 것이다. 그래서 게으른 부지런쟁이는 스스로를 집요하게 관리하고 다스리면서도 여유로울 수 있다.

칸트와 정약용은 자신의 방법으로 자신을 사랑했다. 칸트의 묘비에는 "그에 대해서 자주 그리고 계속해서 숙고하면 할수록, 점점 더 새롭고 점점 큰 경탄과 외경으로 마음을 채우는 두 가지 것이 있다. 그것은 내 위의 별이 빛나는 하늘과 내 안의 도덕률이다"라는 《실천이성비판》의 맺음말 첫 구절이 새겨져 있다. 이 구절은 칸트를 기리는 사람이 선택한 것인데, 이 말이 칸트를 가장 잘 표현했다고 여겼기 때문이다. 이 말처럼 칸트는 자신의 도덕률을 지켰다. 그렇다고 그가 수도승의 삶을 산 것은 아니다. 맥주로 유명한 독일에서 살았지만 칸트는 와인을 좋아했다. 그는 "술을 너무 많이 마셔 스스로를 주체하지 못하는 자는 보기에 나쁘고 술을 아예 마시지 않는 사람은 너무 심심한 사람이다"라고 했다. 칸트는 자신이 지켜야 된다고 생각하는 것을 지키는 사람이었다. 그것은 자신을 사랑하고 존엄을 지키는 일이었다. 칸트는 자신을 사랑했기에 자신이 원하지 않는 사람이 되지 않도록 자신을 지켜나갔던 것이다.

다산 정약용 또한 마찬가지다. 다산에게 '품석정(品石亭)'이라는 이름이 붙여진 일이 있었다. 하루는 다산과 친지들이 정자에 모여 술잔을 기울였다. 술이 불콰해지자 한 사람이 "누구는 부끄러움도 없이 권세와 명예를 거머쥐었으니 분통이 터진다"며 한탄했다. 그러자 다산이 "사람은 품평할 수 있는 것이 아니기에 벌주를 드린다"며 술을 권했다. 조금 지나 다른 사람이 "저 말은 짐도 지지 못하면서 풀과 콩만 축내는구나" 하며 혀를 찼다. 이번에도 다산은 "짐승에게도 품평해선 안 된다"며 벌주를 권했다. 그러자 사람들이 "이 정자에서는 참 놀기도 힘들구려. 입을 꿰매고 혀를 묶고 있어야겠소"라며 핀잔했다. 다산은 웃으며 "종일토록 품평해도 화낼 줄 모르는 저 바위가 있다"고 했다. 그러자 사람들이 "저 바위는 화를 낼 줄 모르니 자유롭게 품평할 수 있느냐?"고 물었다. 다산의 대답이 가관이었다. 다산은 "저는 바위에게 칭찬만 했지, 모욕을 주거나 불손하게 말한 적이 없습니다"라고 했다. 여기에서 바위마저도 칭찬해야 한다는 '품석정'이라는 이름이 생겼다.

다산은 남을 품평하는 것이 쓸모없다고 이야기한다. 그 이유는 사람들이 다른 사람을 평가하는 데 많은 시간을 허비하기 때문이다. 다산은 다른 사람을 품평할 시간에 자신을 위해 부지런하게 시간을 보내라고 말해준다. 나를 더 다듬고 내가 원하는 삶을 살기 위해 노력하기에도 부족한 시간을 어찌 다른 사람에게 할애하고 있느냐는 일갈이다.

자신을 사랑하지 않는 사람은 자신을 지키지 않는다. 오히려 자신을 방치한다. 그런 사람에게는 칸트처럼 지킬 것이 없다. 그런 사람은 다산처럼 부지런할 필요가 없다. 사랑하지 않는 존재를 위해 의지와 노력을 투자할 이유가 없기 때문이다. 하지만 자신을 사랑하는 사람은 자신을 그대로 두지 않는다. 자신이 소중하고 사랑하기에 아끼고 지키고 가꾸는 것이다.

나를 경계하는
열한 가지 방법
/

마지막으로 자신을 사랑했기에 스스로를 엄히 다스린 대표적인 인물을 살펴보자. 그는 '공부의 신'이었다. 그 어렵다는 과거시험에 아홉 번 장원급제하여 '구도장원공(九度壯元公)'이라 불렸다. 지금으로 따지면 사법고시, 외무고시, 행정고시의 1차·2차·3차 시험에서 모두 수석을 차지했다고 할 수 있다. 이 엄청난 이력의 소유자는 바로 율곡(栗谷) 이이다.

그는 세 살 때 글을 깨우쳤고, 어머니 신사임당의 그림을 따라 그렸다. 네 살 때는《사략》을 배웠는데 스승보다 토를 더 잘 달았다. 그리고 여덟 살에는 화석정에 올라 한글이 아닌 한자로 시를 지었다. 단순히 공부만 잘했던 것이 아니다. 그는 또 둘도 없는 효자였다. 율곡이 열여섯 살이 되던 해 신사임당이 세상을 떠났다. 그는

3년간 묘를 지키는 시묘를 지내다가 금강산에 들어간다. 어머니를 잃은 상실감에 잠시 불교에 심취했던 것이다. 그렇다. 율곡도 방황을 했다. 하지만 그는 방황을 이겨냈다. 그 방황을 이기지 못했다면 우리가 지금 알고 있는 율곡은 존재하지 않았을지도 모른다.

스무 살이 되던 해 율곡은 방황을 끝내고 다시 오죽헌으로 돌아온다. 그는 자신을 다잡으며 그 다짐을 글로 남겼다. 바로 스스로를 경계한다는 '자경문(自警文)'이다. 자경문은 열한 개의 조항으로 이루어져 있다. 그 열한 개의 조항은 지금의 우리에게도 시사하는 바가 많다. 자신을 아끼고 지키기 위해, 어떻게 자신을 다스려야 할지에 대한 실천적인 방법이라 할 수 있다.

첫 번째 조항은 '입지(立志)'다.

율곡은 "선수대기지(先須大其志) 이성인위준칙(以聖人爲準則), 일호불급성인(一毫不及聖人) 즉오사미료(則吾事未了)"라고 했다. 해석하면 '먼저 그 뜻을 크게 가져야 한다. 성인을 본보기로 삼아서, 터럭만큼이라도 성인에 미치지 못하면 나의 일은 아직 끝난 것이 아니다'라는 뜻이다.

모든 일은 뜻을 세우는 데서 시작한다. 뜻을 세운다는 것은 목표를 설정한다는 것이고, 이는 곧 내가 무엇을 해야 할지를 안다는 것이다. 율곡의 목표는 성인이었다. 그런데 성인이 되기 위한 노력에서 나와 성인과의 간극을 발견하게 됐다. 때문에 공부는 목표와 자신 사이의 간극을 메워나가는 과정이 되었다. 뜻을 세웠기에, 무엇을 얼마나 메워야 할지를 알 수 있었던 것이다. 하지만 우리가 세워야 할 뜻은 율곡의 목표처럼 크고 거창한 것 하나일 필요는 없다. 멀고 큰 것, 눈앞의 것, 그 중간의 것으로 다양해도 괜찮다. 뜻은 크게 세우지만, 그 뜻을 이루어나가는 과정은 계단을 밟는 것과 같은 것이다.

두 번째 조항은 '과언(寡言)'이다.

과언은 말수가 적다는 뜻이다. 율곡은 말을 줄이는 것이 마음을 안정시키는 방법이라고 했다. 생각해보자. 무언가 불안한 사람은 가만히 있지 못한다. 계속해서 말을 하거나 부산스럽게 몸을 움직인다. 반면 마음이 안정된 사람은 불필요한 말과 행동을 하지 않는다. 그렇기에 율곡은 역으로 말을 줄임으로써 마음을 안정시킬 것을 권한다.

세 번째 조항은 '정심(定心)'이다.

정심 역시 마음의 안정과 집중에 관련된다. 율곡은 사람의 마음을 잘 알고 있다. 그의 말을 들어보자.

"오래도록 멋대로 하도록 내버려두었던 마음을 하루아침에 거두어들이는 그런 힘을 얻기가 어찌 쉬운 일이겠는가. 마음이란 살아있는 물건이다. 안정시키는 힘이 완성되기 전에는 마음의 움직임과

어지러움을 안정시키기 어렵다."

잡념은 끊이지 않고 나를 괴롭히는 감정이다. 잡념을 떨쳐내려 해봐도 오히려 그 생각이 더 큰 잡념이 되어 마음을 안정시키기 어렵다. 율곡은 잡념을 버려야 한다는 강박에 사로잡히지 말라고 이야기한다. 그냥 그런 잡념이 있음도 인정하라는 것이다. 중요한 것은 잡념이 든다고 벌떡 자리에서 일어나지 않는 것이다. 율곡은 무언가를 오래도록 해나가면 반드시 고요하게 안정된 때가 온다고 말한다. 결국 끈기가 집중을 만든다는 것이다.

네 번째 조항은 '근독(謹獨)'이다.

혼자 있을 때를 경계하라는 의미다. 우리는 누군가를 위해서 사는 것이 아니다. 또 누군가에게 보여주기 위해서 사는 것도 아니다. 중요한 것은 내 마음이다. 홀로 있을 때도 누군가 지켜보고 있을 때처럼 내 페이스를 유지하는 것이 중요하다.

다섯 번째 조항은 '독서(讀書)'다.

독서란 그저 책을 읽어야 한다는 뜻이 아니다. 율곡의 이야기를 들어보자.

"새벽에 일어나면 아침에 해야 할 일을 생각하고 밥을 먹은 후에는 낮에 해야 할 일을 생각한다. 잠자리에 들면 내일의 일을 생각한다. 일이 없다면 모르지만 일이 있다면 반드시 생각을 해서 합당한 방법을 찾아야 한다. 그 뒤에 책을 읽는 것이다. 글을 읽는 까닭은

옳고 그름을 분간해서 일을 할 때 적용하기 위함이다. 만약 일을 살피지 않고 앉아서 글만 읽는다면 그것은 쓸모없는 학문을 하는 것이다."

우리가 공부를 하는 이유는 그 일을 하기 위함이다. 그 일은 사람다운 일이기도 하고, 내게 필요한 기술이나 자세, 마음일 수도 있다. 그런데 사람들은 간혹 무언가를 많이 아는 것만이 공부라고 착각한다. 하지만 단지 많이 알기만 할 경우, 지식은 있으나 지혜는 없는 사람이 된다. 지식은 적용될 때 의미가 있다. 단지 책을 읽는 행위가 중요한 게 아니라 책에서 구한 지식을 삶에 적용할 수 있는가가 중요하다. 고전을 읽는 방법도 그렇다. 고전을 제대로 읽기 위해서는 세 가지를 살펴야 한다. 먼저 왜 그런 사상이 나왔는지를 알아야 한다. 그 시대를 알지 못하면 그 고전의 가치를 이해할 수 없다. 다음으로 고전이 주는 의미를 파악해야 한다. 이는 어떤 논리로 어떤 이야기를 하고 있는지를 이해한다는 뜻이다. 마지막은 나에게 적용하는 것이다. 나를 바꾸지 못하는 고전은 아무런 의미도 지니지 못한다.

여섯 번째 조항은 '소제욕심(掃除慾心)'이다.

이로움을 탐하지 말라는 것이다. 이로움에는 두 가지가 있다. 재물과 영화를 이롭게 여기는 마음이 있고, 일을 쉽게 하려는 이로움이 있다. 특히 우리가 경계해야 할 이로움은 일을 쉽게 하려는 이로움이다. 번거롭고 귀찮은 마음에 필요한 과정을 건너뛰려고 하면 안 된다. 소홀히 넘어가고 싶은 유혹을 이겨내야 한다. 편법은 정도를 이기지 못한다.

일곱 번째 조항은 '진성(盡誠)'이다.

정성과 진심으로 해야 한다는 뜻이다. 해야 할 일이 있으면 진심으로 정성을 다해야 한다. 그런데 반대의 경우가 있다. 해서는 안 되는 일인데, 그것이 자꾸 마음에 남는 경우다. 이때는 그런 마음을 완전히 끊어버려야 한다. 아예 마음에서 없애서 그 일이 생각나지 않도록 해야 한다.

여덟 번째 조항은 '정의지심(正義之心)'이다.

율곡은 "한 가지의 불의를 행하고 한 사람의 무고한 사람을 죽여서 천하를 얻더라도 그런 일을 하지 않는다"는 생각을 항상 가슴속에 담고 있어야 한다고 말한다.

아홉 번째 조항은 '감화(感化)'다.

누군가 나에게 해를 끼치더라도 먼저 스스로를 반성해야 한다고 율곡은 말한다. 그리고 그를 감화시켜 변화시키라고 이야기한다.

열 번째 조항은 '수면(睡眠)'이다.

이는 밤이 되어 잘 때나 아플 때가 아니라면, 항상 깨어 있도록 노력해야 함을 강조하는 것이다.

마지막 열한 번째 조항은 '용공지효(用功之效)'다.

율곡은 공부는 죽은 뒤에야 끝나는 것이라고 말한다. 어느 때가 아니라 죽음에 이를 때까지 하는 것임을 강조한다. 제사를 지낼 때 지방을 쓴다. 고인이 남자인 경우 지방에 '현고학생부군신위(顯考學生府君神位)'라고 쓰는데, 이는 배우는 학생으로 인생을 살았다는 뜻이다. 율곡의 말처럼 공부는 죽음에 이를 때까지 끝나지 않는 것이다.

율곡은 공부를 하는 이유를 사람이 사람다워지기 위함이라고 말한다. 사람이 사람다워지기 위한 길, 달리 말하면 내가 나다워지기 위한 길일 것이다. 율곡은 그 무엇보다 '나'라는 학문을 파고든 학자다. 내가 누구인지, 내가 무엇을 원하는지, 내가 어떤 길을 가고자 하는지를 명확히 알아야만 다음 행보가 가능함을 알았기 때문이다. 그래서 그는 그 무엇에 앞서 스스로를 다스리는 기술을 행했던 것이다.

자기애

방황과 변화를 사랑한다는 것은 살아 있다는 증거

: 아우구스티누스와 노자의 '멈춤의 미학', 에리히 프롬의 '사랑의 기술' :

그 남자의 인생은 그야말로 막장 드라마였다. 학창 시절에 불량한 친구들과 어울리며 남의 집 배를 훔쳐 먹은 일 정도는 애교에 불과했다. 공부를 위해 기껏 타지까지 가서는 난폭한 학생집단에 가담했고 연애에 열중했다. 훗날 어찌어찌 선생이 되었지만 여전히 방탕한 생활을 이어갔다. 애인과 동거하다 아이가 생겼지만, 좋은 가문의 여자와 결혼하고 싶다는 욕망으로 가차없이 동거녀를 버렸다. 원하는 조건의 여자를 만나 약혼했지만 또 다른 여자를 만나서 파혼하기도 했다. 탕아도 이런 탕아가 있을까 싶은 이 이야기의 주인공은, 기독교의 가장 위대한 철학자로 불리며 성인으로 추앙받은 아우구스티누스다. 훗날 그는 과거를 이렇게 회상했다.

"나의 육체적 욕망과 청춘의 끓는 피는 나로 하여금 순수한 사랑과 정욕을 구별하지 못하게 했습니다. 나의 육체적 욕망은 나의 젊음과 나약한 기질을 연료로 삼아 맹렬히 불탔습니다. 그리하여 음행의 구렁텅이에 빠지게 되었습니다."

아우구스티누스는 음행의 구렁텅이에 빠진 자기 자신을 건져내 성인으로 만들었다. 이 허무맹랑한 전개 역시 한 편의 막장 드라마를 보는 듯하다. 하지만 엄연한 사실이다. 그는 대체 어떻게 자기 자신을 완전히 다른 사람, 아니 아예 새로운 사람으로 바꾸어놓은 걸까.

방황하는 배 위의 삶

/

앞서 옐로스톤 국립공원과 늑대, 맹자와 어머니의 사례를 통해 말했듯 사람이 달라질 때는 계기가 있다. 그 계기는 한순간에 찾아오기도 하고 서서히 다가오기도 한다. 갑자기 찾아오든 서서히 다가오든, 중요한 건 계기를 느꼈다는 사실이다. 변화할 준비가 되어 있는 사람만이 계기를 느낄 수 있기 때문이다. 사람의 인생에는 몇 번의 기회가 찾아온다고 한다. 그런데 우리는 그것이 기회였는지조차 모르고 넘어갈 때가 있다. 그 기회를 받아들일 준비가 되어 있지 않았기 때문이다. 하지만 준비된 사람은 기회를 움켜쥔다. 그리고 변화한다.

아우구스티누스가 크나큰 마음의 괴로움으로 울고 있을 때였다. 소년인지 소녀인지는 알 수 없지만 이웃집에서 어린아이의 소리가 들려왔다. 마치 노래하듯이 "책을 집어 들고 읽어보라. 집어 들고 읽어보라" 하는 것이 아닌가. 그 소리는 여러 차례 되풀이되었다. 아우구스티누스는 넘쳐흐르는 눈물을 참고 일어났다. 그에게 그 소리는 성서를 펼쳐서 처음으로 시선이 가는 대목을 읽으라는 하나님의 명령처럼 들렸다. 그래서 그대로 따랐다.

"홍청대는 술잔치와 만취, 음탕과 방황, 다툼과 시기 속에서 살지 맙시다. 그 대신에 주 예수 그리스도를 입으십시오. 그리고 욕망을 채우려고 육신을 돌보는 일을 하지 마십시오."

아우구스티누스는 더이상 읽으려 하지 않았다. 아니 더이상 읽을 필요가 없었다. 그의 마음은 모든 걱정으로부터 승화된 듯 평안하고 밝은 빛으로 가득찼기 때문이다.

아우구스티누스는 《고백록》에서 자신이 무화과나무 아래에서 회심한 과정을 이야기한다. 앞서 말했듯 회심을 하기 전까지 그는 탕아였다. 아우구스티누스는 354년 지금의 알제리에 해당하는 북아프리카의 타가스테에서 태어났다. 여섯 살 때 문법학교에 입학했지만 공부와는 담을 쌓았다. 아우구스티누스의 아버지는 그래도 웅변에 소질을 보이는 아들을 출세시키기 위해 유학을 보냈다. 하지만 집안 형편 때문에 열여섯 살 때 고향으로 돌아오게 된다. 어린 시절에도 장난에 몰두했던 아우구스티누스는 더욱 비뚤어졌다. 그리고 마음 내키는 대로 아무렇게나 삶을 살았다.

그러던 그가 무화과나무 아래서 회심했고 대철학자가 되었다. 아이러니하게도 아우구스티누스는 그런 자신을 사유의 대상으로 삼았다. 자신의 지나간 과오를 통해 새로운 자신을 발견한 것이다. 그리고 자신을 발견하며 인간은 본질을 파악했다. 그의 과오가 깊었기에 그의 생각도 깊어졌다. 아우구스티누스는 이렇게 말한다.

> 밖으로 나가지 마라. 그대 자신 속으로 돌아가라. 인간 내면에 진리가 자리잡고 있다. 그리고 그대의 본성이 가변적임을 발견하거든 그대 자신도 초월하라. 하지만 기억하라, 그대가 그대 자신을 초월할 때 그대는 추론하는 영혼을 초월하고 있음을! 그러니 이성의 원초적 광명이 밝혀져 있는 그곳을 향해서 나아가라! 제대로 추론하는 모든 이는 진리말고 어디에 도달하겠는가?
>
> – 아우구스티누스, 《고백록》

아우구스티누스는 자기 내면으로 들어가 초라하고 부끄러운 민낯까지 마주했고, 이로써 자기 자신을 온전히 끌어안아줄 수 있었다. 덕분에 모두가 손가락질했던 방황의 시간까지 발전과 성장을 위한 과정으로 바꾸어놓을 수 있었다.

생각해보자. 목표가 생겼다고 해서 그 목표를 향해 달려가기만 할 수 있을까. 누구나 가장 빨리 그 목표에 도달하고 싶어 한다. 직진하고 싶은 것이다. 그러나 세상에 오직 직진만 해서 갈 수 있는 길은 그리 많지 않다. 배를 타본 경험이 있다면 이해하기 쉬울 것이다. 배는 직선으로 나아가지 않는다. 배의 방향은 키로 결정되는데, 이 키를 조종하는 사람이 조타수다. 조타수는 목적지를 향해 키를 움직인다. 조타수가 좌측으로 키를 옮기면, 배는 좌측을 향해 가게 된다. 좌측으로 기운 배의 방향을 바로잡기 위해 조타수가 다시 우측으로 키를 돌리면, 배는 우측으로 방향을 잡는다. 그러다 배가 다시 우측으로 기울면 조타수는 좌측으로 키를 돌릴 것이다. 멀리서 보면 직선으로 항해하는 것 같지만 배는 좌측과 우측을 오가며 전진하고 있는 것이다.

확고한 목표가 있어도 배는 직선으로 가지 않는다. 내 삶도 그렇다. 직선이란 무엇인가. 평면에 두 점을 찍고 이으면 직선을 만들 수 있다. 하지만 나는 평면을 살고 있는 게 아니다. 나는 중첩된 공간을 살고 있다. 이 공간엔 무수한 길이 있다. 그런데 사람들은 무조건 빨리, 헤매지 않고 나아가지 못하면 방황이라고 말한다.

우리는 흔히 방황은 하지 말아야 할 것이라고 생각한다. 방황은 정말 나쁜 것일까. 방황의 사전적 의미는 '분명한 목표를 정하지 못하고 어찌할 바를 몰라 갈팡질팡함'이다. 그런데 목표를 정하지 못한 게 나쁜 것일까. 갈팡질팡하는 게 나쁜 것일까. 아니다. 그것은 필연이다. 방황이 있기에 목표가 생긴다. 방황은 목표를 찾기 이전까지의 시간일 뿐이다. 독일 작곡가 바그너는 "방황과 변화를 사랑한다는 것은 살아 있다는 증거"라고까지 말한 바 있다.

아우구스티누스는 기억과 시간에 대해서도 탐구했다. 그는 인간의 영혼은 기억과 분리된 것이 아니라고 생각했다. 그에 따르면 우리는 기억의 동굴에서 우리 자신을 만날 수 있다. 이것은 경험이라는 기억을 공부하는 것과 같다. 어떠한 일에서 무언가를 배울 때 가장 큰 영향을 주는 것은 직접 경험이다. 다른 사람들의 이야기, 영화나 드라마, 소설보다 내가 직접 겪은 일이 더 생생하고 사무친다. 그리고 그 경험은 기억으로 저장된다. 기억은 묻고 싶다고 묻히지 않는다. 그럴 땐 기억을 소환해서 당당하게 마주해야 한다. 그것 역시 자신이기 때문이다. 기억을 소환하는 동안 나는 방황할지도 모른다. 생각의 방황이다. 그때 어떻게 했어야 했는지를 고민할 때 생각은 '이렇게'와 '저렇게', 그리고 또 다른 방법 사이에서 방황한다. 마침내 어떻게 했어야 했는지를 알게 되면 방황은 끝이 난다. 하지만 이런 식의 방황은 살면서 끊임없이 계속될 것이다.

결국 문제는 방황을 어떻게 보느냐이다. 방황을 과정으로 보면 공부가 된다. 하지만 방황을 결과로 보면 낭비가 된다. 그럼 결론은 자명하다. 무엇 때문에 방황을 결과로 보고 스스로를 학대하는가. 어차피 평생을 해야 할 방황인데 말이다. 아우구스티누스는 방황 속에서 철학을 건져 올렸다. 그는 한 우물만 파지도 않았다. 지혜로 가는 여러 갈래 길 위에서 방황하더라도 항구는 있다. 그리고 항구는 종착지가 아니다. 또 다른 방황을 위해 잠시 쉬어가는 기착지일 뿐이다.

“발끝으로 서 있는 자는 오래 서 있을 수 없다”

/

방황의 미덕을 알고 멈춤의 미학을 안다는 것은 거침없이 나아가는 것보다 힘든 일이다. 그러다보니 살면서 문제가 생기는 것은 대부분 그쳐야 할 때를 놓쳐서이다. 한마디 더 하지 않았으면 다투지 않았을 것을, 한 번 더 재촉하지 않았으면 짜증내지 않았을 것을, 한 걸음만 멈춰섰다면 보였을 것을, 하루만 더 기다렸다면 더 좋은 기회가 왔을 것을, 그러지 못해 후회를 한다. 멈춤의 지혜를 먼저 이야기한 사람은 중국 수나라 때의 학자 문중자(文中子) 왕통(王通)이다. 왕통은 멈춤의 학문인 ‘지학(止學)’을 설파했다. 그는 “큰 지혜는 멈춤을 알고 작은 지혜는 계략만 안다”고 말한다. 멈춤이란 걸음을 멈추고 눈을 감고 귀를 닫는 것이 아니다. 내가 어디에 있는지를 아는 것이고, 다시 어디로 갈지를 정하는 과정이다.

그런데 우리는 멈춤이라고 하면 먼저 끝을 생각한다. 하지만 멈춤이란 더이상 가지 못할 정도로 지쳤을 때, 다시 걸을 수 있는 힘을 얻기 위해 필요한 여행의 과정이다. 마구 질주하다보면 오래갈 수 없다. 우리가 흔히 방황과 멈춤의 가치를 잊어버리는 것은 그 단어에 매몰되기 때문이다. 그렇게 생각하도록 한 관습과 편견이 나를 지배하고 있기 때문이다. 눈에 보이는 것만을 곧이곧대로 받아들이면 편견이 생기게 된다. 그렇게 세상과 사물도 고정시켜버리고 만다. 고정된 세상에서는 고정된 길밖에 걸을 수 없다. 다른 무언가를 생각하고 싶어도 생각할 수 없다. 그런데 그 다르게 보는 것이 사실은 순리이자 이치일 때가 있다.

순리란 무엇일까. 당연히 그렇게 되는 이치다. 기울면 쓰러진다. 쓰러지지 않게 하기 위해서는 바로 세워주어야 한다. 아니면 더 이상 쓰러지지 않도록 무언가를 받쳐주어야 한다. 이건 아주 당연한 일이다. 하지만 우리는 바로 세워주거나 무언가를 받쳐주는 대신, 버티는 것을 택하는 경우가 많다. 어떻게든 지금만 버텨주면 괜찮다고 생각한다. 그 생각을 충족하듯 잠시는 버틸지 모른다. 하지만 기운 것은 계속 기울고 언젠가는 쓰러지기 마련이다. 그것이 이치다. 사람과 사람 사이의 관계, 자신의 실력에서도 그런 마음이 들 때가 있다. 내가 더 나아 보이고 싶어서 잘난 체를 하지만 실력은 곧 들통나게 되어 있다. 정말 잘난 사람은 잘난 체를 하지 않아도 알아서 알아준다. 그럼 진짜 잘난 사람이 되고 싶다면 어떻게 해야 할까.

기운 것을 쓰러뜨리지 않는 것과 같다. 내가 그런 사람이 되면 되는 것이다. 잘난 체 대신 실력을 쌓으면 된다. 노자는 그 당연한 것을 이야기해주는 사람이다. 그런데 노자가 이야기하는 당연함이 생소하게 느껴지고 또 무릎을 치게 만드는 것은 애써 외면했던 이야기인 까닭이다.

> 발끝으로 서 있는 자는 오래 서 있을 수 없고 가랑이를 벌리고 황새처럼 걷는 자는 오래 걸을 수 없다. 스스로 나타내고자 하는 자는 나타나지 않고 스스로 옳다고 하는 자는 드러나지 않으며 스스로 칭찬하는 자는 오래가지 않는다.
>
> – 노자, 《도덕경》

노자의 말은 당연하다. 까치발을 하고 잠시는 서 있을 수 있지만 계속 그러고 있을 순 없다. 곧 쥐가 나서 주저앉게 될 테니 말이다. 보폭이 넓은 것처럼 자랑하고 싶어 가랑이를 벌리고 걸어도 그것은 잠시뿐이다. 발끝으로 서고 황새걸음을 걷는 것은 보여주기 위함이다. 그러지 않으려면 그런 높이와 그런 보폭을 가져야 한다. 노자가 전하는 메시지는 무슨 '척'하지 말라는 것이다. '척'하지 말고 진짜 그런 사람이 되어야 한다는 것이다. '척'에서 자유로워져야 진짜 나를 만날 수 있다는 것이다. 자유란 아우구스티누스처럼 자신의 방황과 과오마저 있는 그대로 직시함으로써 이를 진정 용서하고 다른 나를 향해 나아가는 과정이다. 노자의 말처럼 관습과 편견에서 벗어나 순리와 이치를 깨달음으로써 '척'을 벗어던지고 진짜 나로 살아갈 수 있다.

지름길의 역설

/

"몸을 움직이면 추위를 이길 수 있고 가만히 있으면 더위를 이길 수 있다."

처음 이 말을 들으면 고개를 갸웃거릴지 모른다. 하지만 금방 수긍하게 된다. 날씨가 추우면 사람들은 옷깃을 여민다. 그리고 팔로 몸을 감싸고 고개를 바짝 당긴다. 추위에 몸은 더욱 움츠러들고 자신의 몸을 꽁꽁 싸맨 채 움직이려 하지 않는다. 하지만 추울 때는 몸을 더 움직여야 한다. 몸을 움직여야 몸에서 열이 난다. 몸에서 열이 나면 추위를 이길 수 있다. 더울 때도 마찬가지다. 가만히 있어야 덜 덥다. 부산스럽게 손으로 부채질을 해도 더위는 가시지 않는다. 움직이며 나는 몸의 열이 더 덥게만 할 뿐이다. 노자의 이야기는 삶에도 적용된다. 무위자연(無爲自然), 전혀 손대지 않은 있는 그대로의 자연이 나를 자유롭게 한다. 즉 나아가야 할 때는 나아가고 멈추어야 할 때는 멈추는 삶의 태도가 필요한 것이다.

변화에는 기본이 있다. 첫 번째는 나 자신이다. 두 번째는 변화를 대하는 마음이고, 세 번째는 변화를 대하는 자세이고, 네 번째는 변화를 통해 얻음이며, 다섯 번째는 그 얻음이 나로 돌아오는 것이고, 마지막은 변화된 내가 행복해지는 것이다. 첫 번째를 알아야 두 번째가 오고 두 번째를 지켜야 세 번째를 이룰 수 있다. 순식간에 이루어지는 일은 없다. 일이 이루어지는 것은 이루어질 만했기 때문이다. 그렇게 된 데는 그런 이유가 있는 까닭이다. 당연하지 않은가. 노자의 다음 말처럼 말이다.

> 편안할 때 위태함을 생각하면 지키기 쉽고 조짐이 있기 전에 대비하면 도모하기 쉽다. 약한 것은 녹이기 쉽고 미세한 것은 흩뜨리기 쉽다. 아직 있지 않을 때 하고 어지러워지기 전에 다스려야 한다. 아름드리나무도 작은 싹에서 나오고 구 층의 대도 한 줌 흙을 쌓으며 시작한다. 천릿길도 한 발자국에서 시작된다. 인위적으로 쥐려고 하면 깨뜨리고 잡으려고 하면 잃게 될 것이다.
>
> – 노자, 《도덕경》

흔히 편법과 지름길을 같이 이야기한다. 편법은 이치에 어긋난다. 바르게 해서는 얻어지지 않는 것을 다른 방법을 동원해서 얻으려고 하는 것과 같다. 그래서 누군가에게 피해를 주게 된다. 편법은 '함께'를 배제하게 된다. 그러나 지름길은 조금 다르다. 삶에서 지름길은 다른 것이 아니다. 더 효과적으로 그 일을 하게 만들어주는 것이다. 하지만 지름길도 기본이 있을 때나 갈 수 있고 찾을 수 있다. 지름길을 알게 된다는 것은 어떻게 보면 그것에 정통하여 다양한 방법을 구사할 수 있게 되었음을 의미하는 것이다.

하지만 지름길이라고 생각했던 길이 사실은 더 멀리 돌아가는 길임을 나중에 깨닫게 되는 경우도 많다. 물리적인 시간과 거리만을 생각했기 때문이다. 내가 원하는 길이 '걸으며 만나는 사람'에게 있다면 빨리 가는 길은 지름길이 아니다. 내가 원하는 길이 '긴 사색의 여정'이라면 짧은 거리는 지름길이 아니다. 그래서 결국 지름길이란 그저 그 길을 가는 데 있어 자신에게 맞는 방법이다. 지름길은 억지로 찾아지는 것이 아니다. 하다보면 자연스럽게 만나는 나만의 길인 것이다. 미국 심리학자 칼 로저스(Carl Rogers)는 "신기한 역설은 내가 나 자신을 있는 그대로 수용할 때 내가 변화할 수 있다는 것"이라고 말한 바 있다. 아우구스티누스와 노자가 전하는 멈춤의 미학이란 있는 그대로의 나, 있는 그대로의 상황을 받아들이며 이를 토대로 변화를 위해 나아가는 것이다.

'욕망의 삼각형 이론', 내가 무기력한 이유

/

내가 진정 원하던 것이 있었다. 정말 꼭 하고 싶은 일이 있었다. 그래서 노력한다. 하지만 정작 그것에 가까이 갔을 때 혼란스러워진다. 그것이 내가 정말 원하던 것인지 아닌지 헷갈리기 때문이다. 원했던 것을 얻었지만 행복은 잠시뿐이다. 곧 다른 것을 욕망하기 시작한다. 우리는 이런 패턴을 반복한다. TV 광고는 우리를 유혹한다. 당신이 사고 싶었던, 꼭 사야 할 상품이 나왔다고, 이 물건을 사면 당신은 첨단을 걷는 사람이 될 거라고 말이다. 우리는 최면에 빠지듯 광고에 홀린다. 하지만 정작 물건을 구입한 후에는 알 수 없는 감정에 휩싸인다. 그것만 가지면 행복할 줄 알았는데, 기쁨은 택배 박스를 뜯는 찰나의 순간 후 사라져버린다.

프랑스 사상가 르네 지라르는 '욕망의 삼각형 이론'을 제시한다. 이 삼각형에서 세 꼭짓점을 이루는 것은 욕망의 주체인 '나'와 '욕망의 대상', 그리고 '욕망의 매개자'다. 예를 들어 '돈키호테'는 기사를 다룬 소설을 읽고, 전설적인 기사 '아마디스'를 욕망한다. 돈키호테는 소설이라는 욕망의 매개자를 통해 욕망의 대상인 아마디스를 욕망하게 되는 것이다.

귀스타브 플로베르의 《보바리 부인》에 등장하는 '에마'는 어렸을 적 파리 사교계를 묘사한 소설을 읽는다. 그리고 파리의 여인들을 욕망한다. 에마 역시 소설이라는 매개를 통해 욕망의 대상을 모방하게 된 것이다. 르네 지라르는 에마를 통해 자신이 욕망하는 것이 사실은 타자의 욕망이었음을 밝힌다.

《자유에서의 도피》, 《사랑의 기술》 등의 저서로 유명한 에리히 프롬은 《나는 왜 무기력을 되풀이하는가》에서 우리가 무기력한 이유를 아프게 꼬집는다. 그 이유는 바로 내가 아닌 남이 바라는 대로 살고 있기 때문이다. 그는 "진짜 삶을 산다는 것은 자신을 아는 것이며 외부의 영향에 좌우되지 않는 것"이라고 말한다. 에리히 프롬은 1900년 독일 프랑크푸르트 암 마인의 유대인 가정에서 태어났다. 그는 정신분석학자이며 사회학자이자 사상가였다. 그가 관심을 보인 분야는 인간의 심리와 사회의 상호작용이었다.

에리히 프롬은 우리에게 진짜 삶을 강조한다. 진짜 삶에는 진짜 내가 있고 진짜 자유가 있고 진짜 사랑이 있다. 그것을 이루기 위해 우리는 무엇을 해야 하는가. 먼저 내가 진정 원하는 것이 무엇인지를 알아야 한다. 시작은 감정이다. 내 감정은 진짜인가, 가짜인가.

> 또 한편으로 교육은 아주 일찍부터 아이들에게 결코 '자기의 것'이 아닌 감정을 느끼도록 가르친다. 특히 사람들을 사랑하라고, 무비판적으로 친절하며 미소를 지으라고 가르친다. 그래도 미처 교육이 다 하지 못한 것이 있으면 나중에 사회적 압력이 해결해준다. 웃지 않으면 다른 사람들 눈에 '상냥한 사람'이 아니다. 웨이트리스, 세일즈맨, 의사가 되어 서비스를 팔려면 상냥한 사람이 되어야 한다. 육체노동 말고는 팔 것이 없는 사회 피라미드의 맨 밑바닥 사람들과 제일 꼭대기 사람들만이 특별히 '상냥할' 필요가 없다. 친절과 명랑, 그밖에 미

소가 표현할 수 있는 모든 것은 전기 스위치처럼 켜고 끄는 자동 반응이 된다. 물론 그것이 그냥 제스처에 불과하다는 것을 알아차릴 때가 많다. 하지만 대부분은 분명히 깨닫지 못하고, 가짜 감정과 친절을 구분하는 법도 잃어버린다.

– 프롬, 《나는 왜 무기력을 되풀이하는가》

어느 대학의 문화인류학 강의실에서 비명소리가 터져나왔다. 여학생들은 마치 모든 억눌림을 폭발시키듯 소리를 지르고 있었다. 강의실 옆을 지나다니는 사람들은 어리둥절했다. 왜 강의실에서 비명이 들리는지 알 수 없었다. 하지만 그것은 감정 공부였다. 수업에서 교수는 여학생들에게 소리지르는 연습을 시켰다. 억눌린 감정 때문에 위기 상황에서 아무 표현도 못하는 경우가 생기기 때문이었다. 지하철의 치한이 음흉한 속셈을 드러냈을 때도 소리지르는 공부를 하지 못한 사람은 숨을 죽일 뿐이다. 남는 것은 가만히 있을 수밖에 없었던 자신에 대한 처절한 분노와 자괴감이다.

감정을 공부한다는 것은 나를 나답게 표현하는 것이다. 거절하는 법을 배우지 못하는 사람은 끌려다닌다. 화가 나는 상황에서도 미소를 짓고 있으면 상대는 그저 괜찮다고 생각한다. 가만히 있으면 가만히 두어도 괜찮다고 생각한다. 그럼 행복할 수 없다. 감정도 공부해야 한다. 내 감정을 억누르는 사회의 요소가 무엇인지, 내 감정을 반드시 정해진 방법으로만 표현해야 한다고 강요하는 것이 무엇인지 알아야만, 내 감정을 온전히 표현할 수 있다. 나를 있는 그대로 드러낼 수 있다.

사랑을 배우기 위한 세 단계

/

우리 감정 중에 가장 큰 것은 무엇일까. 다른 모든 것을 포괄하면서도 강한 감정은 사랑일 것이다. 사랑은 미움의 또 다른 얼굴이고 분노의 기폭제이고 또 한없이 줄 수 있는 마음이기도 하다. 에리히 프롬은《사랑의 기술》이라는 책을 쓴 데서도 알 수 있듯, 사랑도 공부해야 하고 기술을 익혀야 한다고 생각했다. 그는 사랑을 배우기 위해서 세 단계를 거쳐야 한다고 말한다.

> 어떻게 사랑해야 하는가를 배우고 싶다면 음악, 미술, 건축, 의학, 공학의 기술을 배울 때 거쳐야 하는 것과 동일한 과정을 거쳐야 한다. 기술을 배울 때 반드시 거치는 단계는 무엇인가? 편의상 기술 습득 과정을 둘로 나눌 수 있다. 첫째는 이론 습득, 둘째는 실천 습득이다. 만일 의학 기술을 배우려면, 먼저 신체와 여러 질병에 대한 사실을 알

아야 한다. 이론적 지식을 모두 배웠다 하더라도 아직은 의학 기술에 숙달하지는 못한다. 상당한 실무를 거친 다음에야 의학 기술에 숙달하게 되고 마침내 이론적 지식의 결과와 실천 기술이 합치된다. 곧 직관이 모든 기술 숙달의 본질이 될 것이다.

– 프롬, 《사랑의 기술》

사랑을 하게 되면 그 사람이 무슨 색, 무슨 음식, 무슨 이야기, 어떤 영화, 어떤 옷, 어떤 음악을 좋아하는지 알고 싶어진다. 그것 또한 공부다. 나 혼자 하는 사랑이 아니기에 사랑을 대하는 법, 사람을 대하는 법을 배우는 것이 사랑의 공부다. 에리히 프롬은 사랑의 기술을 배우는 마지막 요인을 제시한다.

그러나 이론과 실천의 습득 이외에도 기술 숙달에 필수적인 세 번째 요인이 있다. 곧 기술 숙달이 궁극적 관심사로 되어야 한다. 이 말은 음악에도, 의학에도, 건축에도 그리고 사랑에도 해당된다. 우리 문화권의 사람들은 사랑의 경우 명백히 실패했는데도 왜 사랑의 기술을 거의 배우려고 하지 않는가 하는 물음에 대한 대답도 아마 여기에서 찾아볼 수 있을 것이다.

– 프롬, 《사랑의 기술》

그동안 우리는 자발적으로 사랑하지 않았다. 능동적으로 사랑하지 않았다는 것이다. 우리는 사랑에 관심을 갖고 있었지만 그 관심만큼 사랑을 공부하지는 않았다. 우리는 진짜 자신을 찾고 진짜 자신을 표현할 줄 몰랐기 때문에 사랑을 공부해야 하는 줄도 몰랐다. 프롬은 지금 거기에 집중하고 노력하면 삶의 기쁨을 얻는다고 주장한다.

프롬은 "자발적으로 행동하지 못하고 진정한 느낌과 생각을 표현하지 못하는 무능력, 그로 인해 타인과 자신에게 가짜 자아를 내보일 수밖에 없는 것이 열등감과 무력감의 뿌리이다. 의식하건 안 하건 자기 자신이 아닌 것보다 더 부끄러운 일은 없으며, 진짜 자기 것을 생각하고 느끼고 말하는 것보다 더 큰 자부심과 행복을 주는 것도 없다"고 말한다.

그렇다면 자기 것을 찾고 느끼고 그래서 자부심과 행복을 얻기 위해서는 어떻게 해야 하는가. 거꾸로 된 나의 마음을 되돌려야 한다. 사랑하는 과정 중에 얻어지는 기쁨보다 사랑의 결과를 생각해 본 적은 없는가? 지금 행복하지 않으면 다음에도 행복할 수 없음을 알지 못하고, 불확실한 다음의 행복을 위해 지금의 행복을 참지는 않았는가를 묻는 것이다.

중요한 것은 활동 그 자체다. 결과가 아니라 과정이 중요한 것이다.

그런데 우리 문화에서는 무게중심이 정확히 거꾸로 되어 있다. 우리는 구체적 욕망을 만족시키기 위해 생산하는 대신 상품을 팔겠다는 추상적 목적을 위해 생산한다. 모든 유형, 무형의 사물을 돈을 주고 살 수 있고, 돈만 주면 다 우리의 소유가 된다고 여긴다. 우리 개인의 특성과 노력의 성공 또한 돈과 명성, 권력을 위해서 팔 수 있는 상품이라고 생각한다. 그 결과 무게중심이 창의적 활동이 주는 순간적 만족에서 완제품의 가치로 옮겨간다.

인간은 진정으로 행복을 줄 수 있는 유일한 만족—활동의 순간 체험하는 것—을 잃고서 잡았다고 믿는 순간 실망을 안겨주는 환영과 성공이라는 이름의 가짜 행복의 뒤를 쫓아다닌다.

— 프롬, 《나는 왜 무기력을 되풀이하는가》

"내가 정말로 나 자신을 사랑하기 시작했을 때……"

/

에리히 프롬이 우리에게 주는 메시지는 내 삶 자체를 공부하라는 것이다. 그럼 질문이 남는다. 어떻게? 진짜 원하는 것이 무엇인지를 알아보라. 나를 포함한 관계와 나를 둘러싼 세상 모두에서 나는 무엇을 원하는가?

이에 대한 답을 찾아낸 인물이 있다. 전설적인 영화인 찰리 채플린이 그 주인공이다. 채플린의 어린 시절은 말로 표현할 수 없을 정도로 불우했다. 그가 태어나고 얼마 되지 않아 술주정뱅이 아버지는 어머니와 이혼했고, 뮤직홀에서 돈을 벌던 어머니가 후두염으로 목소리를 잃으면서 지독한 가난이 찾아왔다. 끼니도 제대로 챙겨먹지 못해 빈민구호소에서 생활해야 했고, 이후 어머니가 정신병원을 드나들기 시작하면서는 고아나 다름없이 지내야 했다. 하지만 불우한 환경과 지긋한 가난도 그가 스스로를 사랑하는 데 걸림돌이 되지 않았다. 오히려 힘이 되었다. 그는 자신의 영혼과 육체, 경험을 극중 인물에 투사해 연기했고 시대를 대표하는 대배우가 되었다. 그가 자신을 얼마나 사랑했는지, 이로써 자신의 삶을 얼마나 아름답게 물들였는지는 그의 글에서 여실히 드러난다.

> 내가 정말로 나 자신을 사랑하기 시작했을 때 나는 건강에 해로운 모든 것에서 벗어났다. 음식, 사람, 사물, 상황 등 나 자신에서 벗어나 끊임없이 나를 끌어내리는 모든 것에서 해방되었다. 처음에는 그것을 건전한 이기주의라고 생각했지만, 요즘 나는 그것이 자기애라는 것을 안다.
>
> 내가 나 자신을 정말로 사랑하기 시작했을 때, 나는 자유로운 시간을 빼앗겨가며 미래를 위해 거창한 계획을 세우는 일을 멈추었다. 요

즘은 재미있고, 즐겁고, 좋고, 가슴에 웃음을 선사하는 일만을 본래의 내 방식에 따라 내가 할 수 있는 속도에 맞춘다. 요즘 사람들은 이것을 성실성이라고 부른다.

내가 정말로 나 자신을 사랑하기 시작했을 때 나는 언제나 올바르게 살기 위한 노력을 중단했다. 그럼으로써 오히려 방황이 줄어들었다. 요즘 사람들은 그것을 단순한 삶이라고 부른다.

내가 나 자신을 정말로 사랑하기 시작했을 때 나는 계속 과거 속에 살면서 미래를 걱정하는 것을 거부했다. 현재 나는 모든 일이 벌어지는 이 순간, 생존할 뿐이다. 나는 요즘 매일같이 이렇게 살며 그것을 완전한 삶이라고 부른다.

– 채플린이 그의 70번째 생일에 쓴 시

찰리 채플린의 이야기에는 '진짜 나를 사랑하는 기술'이 모두 함축되어 있다.

첫째, 도약. 나를 끌어내리는 모든 것에서 해방되어, 새롭게 도약해 온전히 나로 살았다.

소크라테스가 자신을 구박하는 아내와 자신을 억압하는 세간의 시선에 구애받지 않고 철학을 펼쳤던 것처럼, 맹자가 황폐한 나에서 해방되어 자기 안의 진짜 씨앗을 가꾸었던 것처럼 말이다.

둘째, 자존. 스스로에 대한 긍지와 존중을 토대로 나의 속도에 맞추어 나의 방식대로 행했다.

칸트의 시간 관리와 정약용의 삼근계, 율곡의 자경문은 표면적으로는 철저하고 집요하게 부지런히 살며 자신을 다스리라는 메시지로 보인다. 하지만 앞서 살펴봤듯 그 이면에는 자신의 시간을 소중히 여기는 마음과 지식과 재능이 부족하더라도 자신의 속도대로, 자신의 방식대로 행하면 이룰 수 있다는 희망이 담겨 있다.

셋째, 자기애. 모든 인위적인 노력을 멈추고 단순하게, 오직 '오늘'을 살았다.

아우구스티누스가 막장 드라마 같은 삶을 멈추고 성인으로 거듭날 수 있었던 것은 부단한 노력 덕분이 아니다. 그것은 아주 단순한 변화로 이루어졌다. 그저 자기 자신 안으로 걸어들어갔기에 가능한 일이었다. 또한 노자는 순리와 이치를 기본으로 하는 무위자연의 삶, 즉 단순한 삶을 강조했으며, 에리히 프롬이 결과보다 과정이 중요하다고 역설한 배경에는 내일이 아닌 오늘을 살라는 메시지가 있다. 오늘을 산다는 것은 지금의 자신을 사랑한다는 것이다. 내일의 나를 기대하느라 오늘의 나를 방치하지 않는 것, 이것이 진정한 자기애다.

내가 나를 진정으로 사랑할 때, 나는 나를 끌어내리는 모든 것에서 해방돼 자유를 찾게 된다. 남의 속도가 아닌 나의 속도에 맞추어 나아갈 수 있다. 그리하여 비로소 단순하지만 완전한 삶을 살게 되는 것이다.

: 에필로그 :

미토피아를 찾아라

여기서부터는 필자인 나의 이야기다.

시를 쓰고 싶은 마음에 문학을 전공했으나 시적 상상력의 빈곤에 좌절했다. 신화를 공부하고자 문화인류학과 대학원에 진학했다. 무당과 굿판을 찾아다니며 신화가 문자에 한정된 것이 아님을 알게 되었다. '무엇을' 보느냐보다 '어떻게' 보느냐가 중요하다는 사실을 깨달은 계기였다.

2004년 3개월짜리 관광 비자를 받아 훌쩍 베이징으로 떠났다. 다시 돌아왔을 때는 7년이 흘러 있었다. 그 시간 동안 중국사회과학원에 입학해 동북아 신화를 연구했고, 동양 고전의 맛을 알게 되었다. 얻은 것이 많았지만 힘든 것도 많았다. 짙고 외롭고 거칠고 힘들며 어둡고 우울했다. 2008년 베이징에서 나는 그랬다. 짙어지지 않기를, 외로워지지 않기를, 거칠게 다가오지 않기를, 힘들어 쓰러지지 않기를, 어둠에 젖어들지 않기를, 우울에 빠져들지 않기를, 더이상 그렇게 되지 않기를 바랐다. 바라고, 바라고, 또 바랐다. 하지만 나는 여전히 보잘것없었고 세상은 나쁜 날씨처럼 암울하기만 했다. 그러던 어느 날, 운명처럼 맹자의 이 구절을 만났다.

"흐르는 물은 구덩이를 채우지 않고는 가지 않는다."

이전까지 나는 구덩이에서 빠져나올 생각만 했다. 어떻게든 벗어나려고만 했다. 그것이 문제였다. 흐르는 물이 구덩이를 채워야만 갈 수 있듯이, 지금 나를 괴롭히는 모든 상황과 감정을 온전히 겪어내야만 나아갈 수 있다는 사실을 몰랐던 것이다. 나는 바보 멍청이였다. 짙은 외로움과 거칠고 힘든 세상과 어둡고 우울한 나로부터 탈출하고 싶다는 생각만 하면서, 정작 어떻게 하면 탈출할 수 있는지는 고민하지 않는 바보 멍청이였다. 이후 무의미한 발버둥질을 멈추었다. 왜 이런 상황이 생겼고, 왜 이런 감정을 겪는 것인지 들여다봤다. 그렇게 아프지만 천천히, 괴로워도 멈추지 않고 나와 마주하며 구덩이를 채워갔다. 그러자 나의 물은 다시 흐르기 시작했다.

구덩이는 하나가 아니었다. 이후로도 수많은 구덩이를 만났다. 하지만 달라진 것이 있었다. 이제 나는 구덩이를 벗어나려고 안간힘을 쓰지 않았다. 그 힘을 구덩이를 채우는 데 썼다. 그렇게 계속 채우고 흐르며 살아왔다. 어느덧 나는 '무엇이 되고 싶다'는 생각보다 '무엇을 하고 싶다'는 생각을 먼저 하는 사람이 되었다. 그것이 구덩이를 채우는 과정이기 때문이다. 공방에 찾아가 목공 수업을 듣고 나무를 매만지기 시작했다. 나무를 다듬어 가구를 만드는 일은 자신을 다듬어 '그 누구도 아닌 나'를 만드는 과정과 닮아 있었다. 어쩌면 이 책의 모태는 목공이었는지도 모르겠다. 지금은 '오목수 공방'을 공동 창업해서 목수로 일하며 강연과 저술활동을 꾸준히 이어나가고 있다. 책장을 넘기던 손으로 나무를 만지고, 도안을 구상하던 머리로 철학을 생각하면서 살고 있다.

지금, 여기, 나의 일과 삶은 '미토피아(me+topia)'다. 미토피아는 유토피아에서 착안한 말이다. 유토피아가 어디에도 없는 곳이라면, 미토피아는 나에게만 있는 곳이다. 내가 나로 살기 위해서 겪어야 할 아픔과 기쁨과 슬픔과 고통과 보람과 성취가 모두 이곳에 있다. 다른 사람들은 이해하지 못할지 모르나, 이해하지 못해도 상관없다. 이곳은 그 누구도 아닌 나의 공간이며, 오직 나만이 경험하고 이해하고 만들어갈 수 있는 곳이다. 다른 사람의 이해와 동의가 필요하지 않은 곳이다. 설사 구덩이에 빠져 허우적댈지언정 그 구덩이를 채우는 노력과 인내의 시간 동안 나는 조금씩 달라질 것이다. 그래서 그 구덩이 역시 미토피아다. 어쩌면 앞서 살펴본 모든 철학자들은 공부를 통해 미토피아를 찾고 가졌을지도 모르겠다. '꽁푸(gong-fu)'. 중국어로 '공부(工夫)'를 읽으면 이렇게 된다. 그런데 중국어 꽁푸는 우리가 아는 뜻이 아니다. 중국어에서 꽁푸는 시간을 뜻한다. 그것도 무언가에 쏟은 시간을 꽁푸라고 한다. 즉 철학자들이 공부를 통해 미토피아를 찾았다는 것은, 책을 읽고 지식을 쌓아서 자신만의 세계를 완성했다는 의미가 아니다. 빠르든 느리든, 포기하지 않고 멈추지 않고 시간을 쏟아서 결국 바란 것을 이뤘다는 뜻이다.

누구나 '꽁푸'를 통해 미토피아를 찾을 수 있다면 좋겠다. 내가 맹자에서 발견한 하나의 구절을 통해 그랬듯이, 누군가 이 책에서 발견한 하나의 구절이 미토피아로 나아가는 계기가 된다면 좋겠다. 그랬으면 정말 좋겠다.

《12억짜리 냅킨 한 장》, 김영세 저, 중앙m&b
《갈매기의 꿈》, 리처드 바크 저, 류시화 역, 현문미디어
《고백록》, 아우구스티누스 저, 김희보·강경애 역, 동서문화사
《국가/소크라테스의 변명》, 플라톤 저, 조우현 역, 삼성출판사
《국역 백곡집》, 김득신 저, 신범식 역, 파미르
《군주론/리바이어던》, 마키아벨리·홉스 저, 박명방·한승조 역, 삼성출판사
《나는 왜 무기력을 되풀이하는가》, 에리히 프롬·라이나 풍크 저, 장혜경 역, 나무생각
《나를 믿는다는 것》, 나다니엘 브랜든 저, 홍현숙 역, 스마트비즈니스
《나폴레온 힐의 성공을 위한 365일 명상》, 나폴레온 힐 저, 민승남 역, 국일미디어
《내가 원하는 삶을 살았더라면》, 브로니 웨어 저, 유윤환 역, 피플트리
《네 안에 잠든 거인을 깨워라》, 앤서니 라빈스 저, 조진형 역, 씨앗을뿌리는사람들
《니체의 위험한 책, 차라투스트라는 이렇게 말했다》, 고병권 저, 그린비
《데미안》, 헤르만 헤세 저, 전영애 역, 민음사
《데카르트가 사랑한 사팔뜨기 소녀》, 앙리 페나-뤼즈 저, 임왕준 역, 이마주

《도덕경》, 노자 저, 오강남 평역, 현암사

《똑똑한 사람들의 멍청한 선택》, 리처드 탈러 저, 박세연 역, 리더스북

《라케스》, 플라톤 저, 한경자 역, 이제이북스

《루쉰 소설 전집》, 루쉰 저, 김시준 역, 을유문화사

《마음의 자석》, 뤼디거 샤헤 저, 송명희 역, 열음사

《방법서설/성찰/정념론 외》, 르네 데카르트 저, 김형효 역, 삼성출판사

《사기》, 사마천 선, 중화서국

《사랑의 기술》, 에리히 프롬 저, 황문수 역, 문예출판사

《사서장구집주》, 주희 선, 중화서국

《사회계약론/페르시아인의 편지》, 루소·몽테스키외 저, 이환·소두영 역, 삼성출판사

《삶을 바꾼 만남》, 정민 저, 문학동네

《성학집요》, 이이 저, 김태완 역, 청어람미디어

《소유냐 삶이냐/사랑한다는 것》, 에리히 프롬 저, 고영복·이철민 역, 동서문화사

《순수이성비판》, 임마누엘 칸트 저, 전영배 역, 삼성출판사

《순자》, 순자 저, 김학주 역, 을유문화사

《아침놀》, 프리드리히 니체 저, 박찬국 역, 책세상

《연암 박지원 소설집》, 박지원 저, 간호윤 역, 새물결플러스

《열자》, 열어구 저, 김영식 역, 지식을만드는지식

《열하일기 세트》, 박지원 저, 김혈조 역, 돌베개

《유배지에서 보낸 편지》, 정약용 저, 박무석 역, 창비

《유토피아/태양의 나라 외》, 모어·캄파넬라·루터·예링 저, 노재봉 역, 삼성출판사

《율곡 인문학》, 한정주 저, 다산초당

《율곡집》, 이이 저, 김태완 역, 한국고전번역원

《인간의 조건》, 알렉시스 카렐 저, 박별 역, 뜻이있는사람들

《인간적인 너무도 인간적인》, 프리드리히 니체 저, 정진웅 역, 고려출판문화공사

《자기돌봄》, 타라 브랙 저, 이재석 역, 생각정원

《자본론》, 칼 마르크스 저, 김수행 역, 비봉출판사

《자유로부터의 도피》, 에리히 프롬 저, 김석희 역, 휴머니스트

《장아함경》, 김월운 역, 동국역경원

《장자집석》, 곽경번 선, 중화서국

《차라투스트라는 이렇게 말했다》, 프리드리히 니체 저, 장희창 역, 민음사

《칸트 철학에의 초대》, 한자경 저, 서광사

《통치론/자유론》, 로크·밀 저, 이극찬 역, 삼성출판사

《프랭클린 자서전》, 벤자민 프랭클린 저, 이계영 역, 김영사

《프린키피아의 천재》, 리처드 웨스트폴 저, 최상돈 역, 사이언스북스

《한비자》, 한비 저, 이운구 역, 한길사

《허수아비의 노래》, 수다사투어 비수 저, 김용인 역, 영림카디널

《확신의 힘》, 웨인 다이어 저, 김아영 역, 21세기북스

나를 지키는 힘

초판 1쇄 발행 2018년 1월 25일
초판 3쇄 발행 2018년 3월 16일

지은이 | 임병희
발행인 | 박재호
편집 | 홍다휘, 강혜진, 이미현, 이은정
마케팅 | 김용범
총무 | 김명숙
종이 | 세종페이퍼
인쇄·제본 | 한영문화사

발행처 | 생각정원 Thinking Garden
출판신고 | 제25100-2011-320호(2011년 12월 16일)
주소 | 서울시 마포구 양화로 156(동교동) LG팰리스 814호
전화 | 02-334-7932 팩스 | 02-334-7933
전자우편 | pjh7936@hanmail.net

ISBN 979-11-88388-20-2 03320

이 도서의 국립중앙도서관 출판예정도서목록(CIP)은 서지정보유통지원시스템 홈페이지(http://seoji.nl.go.kr)와 국가자료공동목록시스템(http://www.nl.go.kr/kolisnet)에서 이용하실 수 있습니다.(CIP제어번호: CIP2018001530)

만든 사람들
기획 | 박재호
편집 | 이은정
교정교열 | 고아라
디자인 | 김윤남